한 가지만 바꿔도 결과가 확 달라지는 공부법

옮긴이 **박기원**
한국과 일본에서 전산과 정보통신공학, 언론정보, 경영정보를 공부했다. 이후 한국과 일본 양국을 오가며 IT, GAME 분야에서 활동했으며, 현재도 현업에 몸담고 있다. 옮긴 책으로는 『인공지능과 딥러닝』이 있다.

한 가지만 바꿔도 결과가 확 달라지는 공부법

1판 1쇄 발행 2017년 3월 10일
2판 1쇄 발행 2018년 2월 20일

글 쓴 이	고다마 미츠오
옮 긴 이	박기원
펴 낸 이	이경민
편 집	최정미, 김세나, 박재언
디 자 인	상 想:company, 문지현
펴 낸 곳	㈜동아엠앤비
출판등록	2014년 3월 28일(제25100-2014-000025호)
주 소	(03737) 서울특별시 서대문구 충정로 35-17 인촌빌딩 1층
전 화	(편집) 02-392-6901 (마케팅) 02-392-6900
팩 스	02-392-6902
전자우편	damnb0401@nate.com
블 로 그	blog.naver.com/damnb0401
페이스북	www.facebook.com/dongamnb

ISBN 979-11-88704-27-9(13370)

※ 책 가격은 뒤표지에 있습니다.
※ 잘못된 책은 구입한 곳에서 바꿔 드립니다.
※ 이 도서의 국립중앙도서관 출판예정도서목록(CIP)은 서지정보유통지원시스템 홈페이지
(http://seoji.nl.go.kr)와 국가자료공동목록시스템(http://www.nl.go.kr/kolisnet)에서 이용하실 수 있습니다.
(CIP제어번호:CIP2018005025)
※ 이 책은 『공부의 기술』의 개정판입니다.

BENKYO NO GIJUTSU
Copyright ⓒ 2015 Mitsuo Kodama
All rights reserved.
Original Japanese edition published by SB Creative Corp.
Korean translation rights ⓒ 2017 by DONGA M&B Co., Ltd.
Korean translation rights arranged with SB Creative Corp., Tokyo
through EntersKorea Co., Ltd. Seoul, Korea

이 책의 한국어판 저작권은 ㈜엔터스코리아를 통해 저작권자와 독점 계약한 동아엠앤비에 있습니다.
저작권법에 의하여 한국 내에서 보호를 받는 저작물이므로 무단전재와 무단복제를 금합니다.

한 가지만 바꿔도 결과가 확 달라지는 공부법

성공 쾌감을 기억하고
지속 습관을 계획하고
미래 성과를 확신하라

고다마 미츠오 지음
박기원 옮김

동아엠앤비

캐릭터 소개

김지혜
명문대학을 목표로 해온 공부의 달인.
독일어, 스페인어, 중국어도 독학으로 마스터.
효율적인 공부의 중요성을 강조.

박준혁
재수하는 중이다. 아버지가 정리해고 당한 후 "삼수는 안 돼! 합격하지 못하면 일해"라고 말씀하셔서 앞날이 어둡다.

이영문
입사 3년 차. 외국에서 공부한 우수한 신입들이 계속 들어와서 위기감을 느낀다. 회사에서 800점의 TOEIC 점수를 요구해 절망 중.

공부에도
'기술'이 필요하다

    이 책은 독자들에게 공부의 효율성은 물론 하고자 하는 의지를 확실하게 높여줄 수 있는 방법을 알려주기 위해 집필했다. 각 항목마다 2~4페이지 분량의 완결 형태로 편집되어 있어서, 어느 부분부터 읽더라도 바로 공부의 기술이 머릿속에 들어올 수 있도록 구성했다. 이 책을 책상 위에 놓고 반복해서 읽어주기 바란다.

    자격시험은 물론 입학시험에서도 공부가 좋아서 하는 사람은 거의 없을 것이다. 고교 시절, 요령에 관해서는 누구에게도 지지 않을 자신이 있었던 나는 철저하게 효율적인 공부에 몰입했다. 도쿄대학이나 쿄토대학에 합격한 친구와 함께 도서관에서 공부하면서 느낀 점은 그들은 직감력이 뛰어나고 항상 다양한 궁리와 고안에 몰두하면서 공부의 효율화를 생각하고 있었다는 점이었다(물론 그들의 머리가 좋다는 것은 부정할 수 없겠지만).

그들은 과거에 나온 문제의 출제 경향을 분석해서 출제 빈도가 높은 비슷한 문제를 철저하게 풀거나, 자투리 시간을 활용해 공부시간을 보충하는 등의 태도가 확실히 습관화되어 있었다. 물론 그들이 스스로에게 동기를 부여하고 집중력을 유지하면서 공부에 빠져들었음은 말할 필요도 없다.

결국 스포츠처럼 공부도 '기술'이다. 단순히 맹연습만 하면서 하루 해가 뜨고 지는 것을 보는 것만으로 일류 운동선수가 될 수 없듯이, 공부에도 효율화와 동기부여를 주는 것을 시작으로 다양한 노하우를 가지고 있지 않다면 목표나 꿈을 이루는 일은 거의 불가능할 것이다.

동시에 그들은 항상 자신만만했다. 언제나 '나는 반드시 지망하는 학교에 한번에 합격할 수 있다!'는 확신에 찬 메시지를 입에 달고 다녔다.

뉴욕대학의 리차드 펠슨 박사는 2,213명의 고등학교 1학년생을 대상으로 3년에 걸친 추적조사를 통해, 3년 후 졸업할 때 성적이 올라간 학생들의 공통점을 분석했다.

그들의 공통점은 무엇이었을까? 성적이 올라간 학생의 공통점은 자기평가가 높았다는 사실이었다. 그들은 '나의 지능은 이보다 훨씬 좋을 거야' '나는 더욱더 잠재능력을 발휘할 수 있어'라는 생각을 하고 있었다. 그들의 또 다른 공통점은 괴로운 노력도 감내할 수 있는 강한 정신력을 가지고 있다는 사실이었다. 여러분도 과거의 성적에 연연하지 말고 지금보다 더 높은 목표를 세우며 "나는 더욱 공부를 잘할 수 있다"고 자신에게 말할 필요가 있다.

아무리 시대가 변한다 해도 공부를 끈기 있게 하는 사람이 유리하다는 사실은 변함이 없다. 능력주의가 팽배한 이 시대, 우수한 어학 실력을 가진 사람은 어느 업계에서도 선호하듯이 의사, 변호사, 파일럿 등의 유망한 직업의 자격 취득은 변함없이 인기를 모으고 있다.

어떤 사람이 동기부여는 물론 집중력도 높아서 10시간 걸리는 공부를 7시간 만에 학습할 수 있다면 그 사람은 공부의 달인 그룹에 들어갈 수 있다. 소질이나 머리의 좋고 나쁨은 그다지 관계가 없다. 철저한 뇌 과학과 심리학의 법칙에 실려 있는 스마트한 방법으로 공부하면 공부의 효율은 2배, 3배도 될 수 있다. 이 책은 현명한 노트 활용 기술도 다루고 있다. 이 책을 활용하여 효율적인 공부 방법을 마스터한 후 여러분의 꿈을 이루길 바란다.

고다마 미츠오

Contents

머리말 005

 01 뇌를 활성화시키는 기술

1-1 문제가 풀린 쾌감을 뇌에 새겨 넣어라 014
1-2 뇌와 컴퓨터의 차이를 이해하라 016
1-3 미러뉴런을 철저하게 단련하라 018
1-4 공부 성패의 열쇠를 가진 해마를 이해하라 022
1-5 '가드너 논리'로 자신의 특기를 알자 024
1-6 공부 효율을 높이는 뇌파를 알파파(α)와 세타파(θ)로 조정하라 026

COLUMN 01 '미신'의 효용을 이해하라 028

02 계획하는 기술

2-1 시간관리 공부법으로 학습효율을 높여라 030
2-2 'SMART 논리'로 목표를 설정하라 034
2-3 이유불문 공부의 분량을 확보하라 036
2-4 공부는 시간과의 싸움이다 038
2-5 시험 당일부터 '역산 리스트'를 작성하라 040
2-6 공부의 우선순위를 철저히 매겨라 042
2-7 현명한 스케줄링을 하라 046
2-8 부담을 강하게 주는 방법을 사용하라 048

COLUMN 02 붉은색 옷을 입는 것만으로도 의욕이 올라간다 050

03 이해력을 높이는 기술

- 3-1 '학습의 전이'를 활용하라 052
- 3-2 '시간제한법'으로 속독하라 054
- 3-3 '집중학습'과 '분산학습'을 알자 056
- 3-4 사물의 본질을 꿰뚫는 추론력을 익혀라 058
- 3-5 'PDCA 사이클'로 상승 흐름을 타라 060
- 3-6 'SWOT 분석'으로 자신을 객관적으로 보라 062

COLUMN 03 핑계는 철저하게 배제하라 064

04 논리적 사고력을 높이는 기술

- 4-1 '삼각로직'으로 논리적 사고를 하라 066
- 4-2 '귀납법'과 '연역법'을 자유자재로 써라 070
- 4-3 '매트릭스 분석'으로 할 일을 명확히 하라 072
- 4-4 '메타 인지력'을 높여라 074
- 4-5 브레인스토밍을 효과적으로 실시하라 076

COLUMN 04 '야콥슨 트레이닝'으로 기분을 리프레시! 080

05 학습속도를 극적으로 올리는 기술

- 5-1 '어색한 감각'으로 뇌를 활성화시켜라 082
- 5-2 뇌량이 발달하면 머리 회전이 빠르다 084
- 5-3 좌뇌와 우뇌를 연동시켜라 086
- 5-4 깍지와 팔짱으로 우위를 점하는 뇌를 판별하라 088
- 5-5 공간인지력을 높여 우뇌를 활성화하라 090
- 5-6 '비전 트레이닝'으로 정보처리 속도를 빠르게 하라 092
- 5-7 가속학습의 '핵심'을 이해하라 096
- 5-8 총점으로 승부하는 시험에서는 약한 과목을 극복하라 098
- 5-9 과거 문제집으로 80%를 습득하라 100
- 5-10 거대한 정보를 처리하는 우뇌를 단련하라 102
- 5-11 다이어트에서 배우는 효과적인 공부법 104
- 5-12 공부를 가속화시키는 환경이 중요하다 106

COLUMN 05 '시간관리 체크 용지'를 활용합시다 108

06 집중력을 손에 넣는 기술

- 6-1 뇌가 집중력을 발휘하는 메커니즘을 알자 110
- 6-2 4개 레벨의 집중력을 구분해 사용하라 112
- 6-3 집중력의 '초두효과'와 '종말효과'를 활용하라 114
- 6-4 스트룹 테스트로 집중력을 올려라 116
- 6-5 명상의 기술로 릴렉스하라 118
- 6-6 집중하기 쉬운 자투리 시간을 놓치지 말자 120
- 6-7 멘탈·터프니스 논리를 공부에 도입하라 122
- 6-8 공부를 성공으로 이끄는 '회복력'을 발휘하라 124

COLUMN 06 순간적으로 집중력을 높이는 기술 128

07 높은 동기부여를 유지하는 기술

- 7-1 모티베이션은 단기 목표일수록 올라간다 130
- 7-2 마이너스 이미지를 플러스로 바꿔라 132
- 7-3 유연한 마인드를 가져라 134
- 7-4 최강의 모티베이터를 발견하라 136
- 7-5 '지론계 모티베이터'를 마음속에 키워라 138
- 7-6 더욱더 자신에게 기대하라 140
- 7-7 성장 욕구를 최대한 높여라 142
- 7-8 최상의 수면 패턴을 몸에 익혀라 144
- 7-9 편안한 공부 스팟을 찾아라 146

기억력을 강하게 하는 기술

8-1 기억에 필요한 3개의 프로세스를 알자 150
8-2 에피소드 기억과 연결해서 생각하라 154
8-3 기억하고 싶은 것은 반복해서 생각하라 156
8-4 반복 복습으로 기억을 정착시켜라 158
8-5 감정과 체험을 포함해서 기억하라 160
8-6 '자택 기억법'으로 많이 기억하라 162
8-7 근력 트레이닝을 기억법에 응용하라 164
8-8 암기물은 수면 전 학습으로 기억하라 166

COLUMN 07 교토대학 만담 연구회에서 만난 기억의 천재 Y군 168

 노트를 활용하는 기술

9-1 문자뿐 아니라 일러스트를 애용하라 170
9-2 '다빈치 그림 트레이닝'을 실행하라 172
9-3 수업노트를 잘 만들어라 174
9-4 공부노트에 생각을 채워 넣어라 176
9-5 마인드맵을 충분히 활용하라 180
9-6 수업, 공부노트는 색을 이용하라 184
9-7 노트 기술은 독서에도 활용하라 185
9-8 포스트잇, 연필, 지우개를 사용하라 186

찾아보기 190

01
뇌를 활성화시키는 기술

- 1-1   문제가 풀린 쾌감을 뇌에 새겨 넣어라
- 1-2   뇌와 컴퓨터의 차이를 이해하라
- 1-3   미러뉴런을 철저하게 단련하라
- 1-4   공부 성패의 열쇠를 가진 해마를 이해하라
- 1-5   '가드너 논리'로 자신의 특기를 알자
- 1-6   공부 효율을 높이는 뇌파를 알파파(α)와 세타파(θ)로 조정하라

문제가 풀린 쾌감을 뇌에 새겨 넣어라

　이 책의 테마는 지적 공부법의 기술이다. 뇌 과학을 무시하고 무모하게 공부하면 발전이 없이 고만고만한 정도의 수준에 머물게 된다. 뿐만 아니라 그런 공부법으로는 아무리 시간이 많이 있다고 해도 항상 부족함에 허덕이게 된다. 이 책에서는 뇌의 능력을 확실하게 이해하여 그것에 꼭 들어맞는 공부법을 도입하는 중요성을 강조한다.

　많은 사람들이 '일류대학에 합격하는 사람은 본래부터 머리가 좋기 때문이다'라는 생각을 가지고 있다. 확실히 머리가 좋고 나쁨에 선천적인 자질이 있는 것을 무시할 수는 없다. 하지만 선천적으로 머리가 좋다는 이유만으로 일류대학에 합격할 정도로 세상은 만만하지 않다.

　사람은 어려운 문제가 풀렸을 때 강렬한 쾌감을 얻게 된다. 이 쾌감을 어떻게 뇌에 새겨 넣는가가 학습을 가속화시키기 위한 커다란 요소이다. 어려운 문제가 풀린 순간, 여러분의 뇌에는 명확한 화학 변화가 일어난다. 도파민이라는 화학 물질이 대량으로 뇌 안에 분비되는데, 이것이 쾌감의 근본이다.

　도파민은 중간 신경계에 존재하는 신경 전달 물질로 아드레날린, 노르아드레날린의 전구체(특정 물질이 되기 전 단계의 물질)이기도 하다. 특히 전두엽에 분포하는 것이 보수계(보상 체계 : 욕구가 차오를 때나 차오르려 할 때에 활성화하는 신경 계통) 등에 관여하여 의욕, 동기, 학습 등에 중요한 역할을 담당하고 있다고 알려져 있다.

　뇌는 도파민이 분비될 때 그 순간을 강하게 기억하고 기억을 재현하려고 할 때에 전력을 다한다. 이러한 뇌의 파워를 활용하고 있는가가 공부를 잘하는 사람의 공통점이다.

같은 문제를 풀 때도 마지못해 문제를 풀어나가는 경우와 어려운 문제를 푸는 순간의 쾌감을 재현하기 위해 자발적으로 문제를 풀고 있는 경우에는 하고자 하는 레벨의 차원이 완전히 다르다.

미국의 심리학자 레이너 마튼스(Rainer Martens)는 "지금 자신이 해야 할 상황을 어떻게든 잘 해결할 것 같다고 생각하도록 느끼는 것. 이러한 '잘 해결할 것 같다'라는 감각이 자신이다"라고 말했다.

공부할 때 어려웠던 문제가 풀린 느낌(쾌감)을 소중히 하면서 목표를 향해서 돌진해 가는 것이야말로 동기를 부여해서 공부에 몰입하게 하는 데 필요한 중요한 요소가 될 수 있다.

어려운 문제를 풀면 도파민이 분비되어 쾌감을 얻는다. 이 쾌감이 의욕의 원천이 된다.

1-2 뇌와 컴퓨터의 차이를 이해하라

컴퓨터를 딱딱한 기계라고 표현한다면 뇌는 부드러운 장기라고 표현할 수 있다. 디지털형의 컴퓨터와 아날로그형의 뇌는 그 회로가 결정적으로 다르다.

우선 컴퓨터를 살펴보자. 컴퓨터는 모든 정보를 디지털화한다. 조금 더 설명하면 모든 정보는 0과 1로 변환된다. 그렇기 때문에 올 오어 낫싱(all or nothing)이며 그 중간은 없다. 한편, 뇌의 신경회로는 모호하다. 기억은 얼마 지나지 않아 지워지거나 컴퓨터처럼 '예'나 '아니오'뿐만 아니라 그 중간 영역도 존재한다.

그 모호함은 컴퓨터에는 없는 뇌의 시냅스(synapse : 신경세포의 연결 방식)가 연출하고 있다. 시냅스는 철도의 환승역과 같은 것이다. 신경섬유와 신경섬유 사이에 틈이 존재하고 있어서 이것이 모호함을 만들어낸다.

정보는 이 틈을 흐르는 아세틸콜린(acetylcholine : 부교감 신경이나 말단 신경에서 분비되어 흥분을 장기로 전달하는 물질)이나 글루탐산(아미노산의 일종)이라 불리는 화학물질에 의해 전기신호로 교환되어 전달된다. 만약 전기신호가 약해지면 이 화학물질은 아주 적은 양만 방출된다. 그것이 컴퓨터처럼 0 또는 1이라는 양자택일이 아닌 모호함을 생성하는 것이다.

컴퓨터와 같이 입력된 정보를 획일적으로 보내는 것이 아닌, 시냅스에 따른 전달에 의해 다양한 정보로 변환되어 보내지는 것이 가소성(可塑性 : 어떤 힘에 의해 형태가 변한 상태가 힘이 사라진 후에도 원래대로 돌아가지 않는 성질)이라 불리는 뇌의 특징이다.

바꿔 말하면, 아날로그 신호에 의한 정보는 점차 변질되어 간다는 것이다. 결국 뇌라는 장기는 정답인가 오답인가라는 양자택일의 무미건조한 컴퓨터와는 다르게, 그 가소성을 살려 정보를 가공해 가며 한 번이 아닌 여러 번 고치는 것을 반복하면서 정답을 찾아가는 것이다.

이 사실이 우리에게 가르쳐 주는 효과적인 학습법은 무엇일까? 그것은 확실한 정답을 찾기 전까지 멈추지 않는다는, 포기하지 않는 힘이라고 나는 생각하고 있다. 뇌의 가소성을 활용한다면, 예를 들어 오답이라도 노력을 쌓아 나가다 보면 착실히 정답에 도달하게 될 것이다. 스포츠 분야의 챔피언들도 어떠한 역경에 부딪혀도 포기하지 않고 열심히 계속 노력했기 때문에 정상에 오를 수 있었던 것이다.

이것은 공부에도 그대로 적용된다. 아무리 머리가 좋다고 해도 포기하는 사람은 공부 승자의 그룹에 포함될 수 없다. 공부라는 것은 시행착오를 반복한다. 끈기 있게 정답을 찾을 때까지 공부를 포기하지 않는 것이야말로 공부 달인들의 공통적인 행동이다.

끈기 있게 학습하는 것으로 뇌의 가소성이 최대로 발휘된다.

1-3 미러뉴런을 철저하게 단련하라

인간의 뇌는 미러뉴런(거울과 같은 신경)이 존재한다. 미러뉴런은 파르마 대학(이탈리아)의 자코모 리촐라티(Giacomo Rizzolatti) 박사에 의해 발견된 신경세포이다. 박사는 원숭이 뇌의 F5 영역이라 불리는, 운동을 컨트롤하고 있는 영역에 전극을 연결하여 실험을 했다. 이 영역은 손과 입의 움직임을 제어하고 있다.

어느 날 스태프 중 한 명이 먹이를 집어 들었더니 원숭이의 뇌가 신호를 내보냈다. 스태프는 '원숭이도 먹이를 집은 것일까?' 생각하며 원숭이를 지켜보고 있었는데, 원숭이는 손도 입도 움직이지 않고 그저 스태프만 바라보고 있을 뿐이었다. 한번 더 같은 동작을 진행해 보니 역시 원숭이 뇌의 특정 영역이 활성화되었다.

결국 원숭이는 조금 떨어진 곳에서 스태프가 먹이를 집어 드는 장면을 보고만 있었는데 원숭이의 뇌는 원숭이 자신이 먹이를 잡았을 때와 같은 반응을 보인 것이다. 더욱 구체적인 실험에서도 원숭이의 뇌에는 상대의 행동을 비추는 것 같은 신경세포가 있다는 것이 밝혀졌다. 박사는 이 신경에 미러뉴런이라는 이름을 붙였다.

그리고 이 미러뉴런은 사람에게도 존재한다는 것이 밝혀졌다. 전형적인 예가 바로 하품이다. 하품을 하는 사람을 보고 무의식적으로 하품을 했던 적이 있을 것이다. 또는 요리 방송을 볼 때 자신도 모르게 배가 고파지는 경험을 겪은 적이 있을 것이다. 이것들이 모두 미러뉴런이 관여하고 있다는 것이다. 일본 뇌 과학의 권위자인 모기 켄이치로우는 자신의 저서(『도해 뇌를 활용하는 공부』, PHP연구소, 2013년)에서 이렇게 말한다.

미러뉴런은 원숭이뿐만 아니라 사람에게도 존재한다.

"미러뉴런은 자신의 행동의 '운동' 정보와 타인의 행동의 '감각' 정보를 연결하고 있는 고도의 역할을 맡고 있을 가능성이 있습니다. 즉 '상대가 이런저런 행동을 하고 있다. 만약 내가 이 행동을 한다면 이런저런 기분이 된다. 그렇다면 지금 상대는 나와 같은 기분이 들었을지도 모른다'라는 타인의 감정이나 마음을 유추하는 힘의 원천이 되는지도 모른다는 것입니다."

실제로 나의 전문 분야인 스포츠 심리학에서도 골프나 테니스를 잘 치는 사람과 함께 운동을 하면 실력의 향상 속도가 올라간다는 연구 결과가 있다. 내가 쓴 글인 『달인의 기술』(사이언스아이신서)에서도 설명되어 있지만 이미지 트레이닝은 달인이 되기 위한 강력한 트레이닝 기법이다.

이는 공부에서도 그대로 통용된다. 혼자서 공부하는 것보다는 우수한 사람과 같이 공부함으로써 미러뉴런이 활동하여 성적을 올리는 데 기여하게 된다. 미러뉴런은 다른 이름으로 공감회로라고도 불리고 있다. 예를 들어 많은 학생들이 일류대학에 합격하는 고등학교에서는 서로 협력해서 공부하는 습관이 있다고 한다.

내가 오오사카부립 고우즈고등학교의 진학부에 다니고 있었을 때, 함께 교토대학에 시험을 치른 친구와 항상 도서관에서 논의하면서 예전 문제를 풀거나 출제 경향에 관련한 정보교환을 하고 서로 도와가며 공부했던 생각이 난다. 당시 고우즈고등학교에서는 매년 도쿄대학에 5~10명, 교토대학에 40~50명 정도 입학시켰기 때문에 같은 목적을 가진 학생이 함께 공부하는 환경이 서로의 미러뉴런을 자극하여 입학하기 어려운 대학에 대거 합격하는 결과를 냈다고 생각된다. 여러분이 갖고 있는 미러뉴런을 활용할 수 있는 환경 만들기에 노력을 한다면 그 자체가 여러분의 꿈을 실현시키는 데에 커다란 공헌을 하게 될 것이다.

자신보다 레벨이 높은 사람과 함께 공부나 스포츠를 즐기면 미러뉴런이 움직여서 향상되는 속도가 빨라진다.

공부 성패의 열쇠를 가진 해마를 이해하라

해마라는 기관의 기능을 이해하는 것은 효율적인 공부를 하기 위해서는 피해 갈 수 없다. 해마는 뇌의 일부로 기억에 크게 관여하고 있다. 해마는 우리 얼굴의 귀 부분에 위치하는데 크기 1센티미터, 길이 5센티미터 정도로 우리 손의 새끼손가락 정도의 작은 기관이다.

뇌의 용량은 한정되어 있다. 게다가 컴퓨터처럼 메모리나 HDD를 늘리는 것은 불가능하다. 해마는 그러한 한정된 용량의 뇌에 필요한 정보와 불필요한 정보를 분리해 준다.

해마와 연결되어 있는 대뇌기저핵은 기억을 원천으로 한 예측이나 기대에 의거하여 행동에 관여하거나 적절한 운동을 선택한다. 또 편도핵(扁桃核)은 다른 이름으로 '호불호 뇌'라고도 불리며 해마에 응축된 기억을 좋고 나쁨으로 분류하고 있다.

뇌 안에 쌓여 있는 시간에 의해 기억은 장기 기억과 단기 기억으로 분류된다. 여러분의 의사와는 상관없이 뇌에는 엄청난 양의 정보가 침입해 온다. 해마는 이러한 정보를 분류하는 기관이다. 대뇌 표면의 대뇌피질에는 해마가 '기억할 만하다'고 판단한 정보만이 장기 기억으로 보존된다.

그렇다면 어떠한 기억이 보존되는 것일까?

우선 기본적으로는 생명을 유지하기 위해 필요한 기억을 최우선적으로 처리하게 된다. 자격시험이나 수험공부에 필요한 지식은 생명유지와는 거의 연관성이 없기 때문에 방치해 두면 단기 기억으로서 처리되어 바로 사라지는 운명이 된다. 한편 신체에 악영향을 끼치는 정보는 기억하기 쉽다. '이순신 장군이 한산도대첩에서 승리한 것은 1592년이다'라는 기억보다 '광대버섯은 독버섯이다'라는 것을 기억하는 쪽이 장기 기억으로서 정착하기 쉽기 때문이다.

반대로 냉장고 안에 보존되고 있는 식재료가 장기 기억으로서 뇌 안에 보존되는 일은 없다. 왜냐하면 그 식재료는 사용해 버리면 기억할 의미가 전혀 없기 때문이다. 이와 같이 해마는 인류가 긴 역사 속에서 몸에 익혀 온 합리적인 기능을 가지고 있다.

해마와 그 주위의 기관

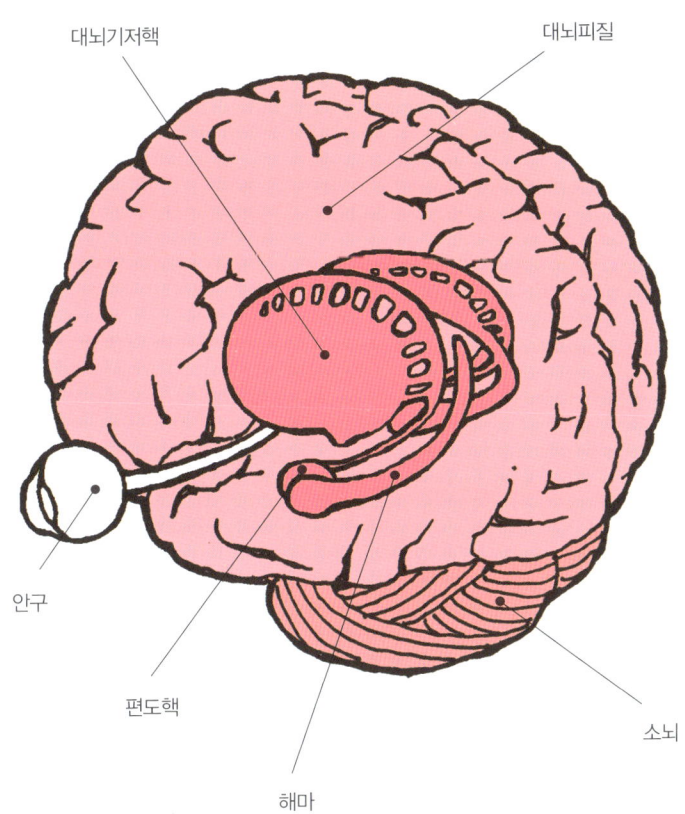

공부한 내용을 확실하게 장기 기억으로 보존할 것인가가 포인트가 된다.

1-5 '가드너 논리'로 자신의 특기를 알자

하버드대학의 하워드 가드너(Howard Gardner) 박사는 다중지능을 제창했다. 그는 "사람의 지능은 8종류로 나뉘어 있는데 누구라도 복수의 우수한 지능을 갖추고 있다"라고 주장했다. 8종류의 지능은 다음과 같다.

1. 논리·수학적 지능
2. 박물학적 지능
3. 시각·공간적 지능
4. 내성적 지능
5. 언어·어학 지능
6. 신체운동감각 지능
7. 음악·리듬 지능
8. 대인적 지능

이들의 지능이 무엇인지 각각 설명할 필요는 없을 것이다. 즉 머리가 좋은 것은, 말하자면 일류대학에 입학할 수 있는 사람들만이 아니라는 사실이다. 어쩌면 고등학생이 야구로 고시엔(전국 단위의 일본 고교 야구대회)에 출전하는 것이 일류대학에 입학하는 것보다 어려울지도 모른다. 일류대학에 입학하는 사람들만 머리가 좋은 것이 아니고, 고시엔 대회에 출전하는 고등학교 야구선수도 머리가 좋은 것이다.

다음 페이지 그림에 표시된 8종류의 지능 중에서 가장 자신 있는 3개의 지능에 순위를 매겨 보자. '좋아하는 것일수록 잘하게 된다'라는 격언을 생각하자. 여러분이 잘할 수 없는 것은 아무리 열심히 해도 잘 되지 않는다. 박병호 선수는 야구로 평가되고 있다. 교토대학의 야마나카 신야 교수는 iPS 세포의 연구로 사회의 평가를 받고 있다. 잘할 수 있는 것을 좋아하게 된다면 그것은 일이 된다. 그러나 아무리 좋다고 해도 잘할 수 없는 것은 취미로 즐겨야 한다.

여러분이 잘할 수 있는 것은 무엇인가? 그 잘할 수 있는 것을 공부를 통해 갈고 닦는 것이야말로 여러분이 나아가야 할 길이다. 인터넷을 통해 막대한 정보가 세계 곳곳에서 들어오는 정보화 사회에서 단지 정보를 쌓아 두려고만 하는 사람은 없을 것이다.

가드너 논리에 의한 8종류의 지능
가드너 논리

| 논리·수학적 지능( ) | 박물학적 지능( ) | 시각·공간적 지능( ) | 내성적 지능( ) |
| 언어·어학 지능( ) | 신체운동감각 지능( ) | 음악·리듬 지능( ) | 대인적 지능( ) |

가장 잘하는 3개의 지능의 ( ) 안에 1, 2, 3의 숫자를 써넣으면 자신의 '특기'를 알 수 있다.

공부 효율을 높이는 뇌파를 알파파(α)와 세타파(θ)로 조정하라

뇌파는 뇌의 상태를 알기 쉽게 가르쳐 준다. 물론 우리들이 간단하게 뇌파를 특정하는 것은 아직도 어려운 일이지만 생활습관을 조금 바꿈으로써 공부에 바람직한 뇌파로 조정이 가능하다. 다음 페이지의 표를 보면서 뇌파의 종류와 각각의 뇌파 특징에 관해 간략하게 알아보자.

우선 베타파는 낮 활동 중에 뚜렷하게 나타나는 뇌파다. 주의력이나 의식력이 정말로 강할 때 이 뇌파가 우선적으로 활동한다. 알파파는 우리들이 고도로 집중력을 발휘하고 있을 때에 나오는 뇌파다. 창조성을 발휘할 때는 이 뇌파가 반드시 필요하다. 나는 운동선수뿐 아니라 수험생들에게도 알파파를 출력하는 뇌를 조정하는 것의 중요함을 강조하고 있다.

내가 친하게 지내고 있는 일본의과대학의 코노 키미코 선생이 대국 중이던 하부 요시하루 기사의 뇌파를 측정한 적이 있다. 코노 선생은 뇌파 측정의 일인자이다. 이를 통해 판명된 것은 대국 중이던 하부 요시하루 기사의 뇌는 알파파가 정말로 우세했다는 것이다. 또한 좌뇌보다도 우뇌가 훨씬 활성화되는 것으로 나타났다. 문자나 숫자를 처리하는 좌뇌가 아닌 우뇌에서 화상 인식에 의한 반면을 기억하고 있다는 것을 알게 되었다.

물론 때에 따라서 좌뇌가 활성화되고 있을 때도 있었다. 그 당시에 하부 요시하루 기사는 자신이 놓은 수가 제대로 두어졌는지를 점검하고 있었는데 어찌되었든 중요한 건 공부하고 있을 때는 알파파를 우세하게 해서 공부를 하면 좋다는 사실이다.

특히 창조성을 발휘하고 싶다면 알파파보다도 주파수가 조금 낮은 세타파가 출력되고 있는 뇌로 조정할 필요가 있다. 세타파는 수면과 각성의 경계에서 우세한 뇌파이다. 뿐만 아니라 이 뇌파는 호기심이나 흥미를 갖고 있을 때에도 출현한다. 기억학습에 관한 연구에서 주목하고 있는 암기나 복습을 할 때 가장 알맞은 뇌파다. 세타파가 출현하고 있는 상태에서 복습을 하면 통상의 뇌에서 학습하는 것보다 10배 효과가 있다는 이야기도 있을 정도이다. 뇌파의 조정은 공부에 있어서 대단히 중요한 요소이다. 뇌의 환경 정비에 노력한다면 뇌를 좋은 상태로 이끌어 효율성이 높은 공부를 할 수 있다. 아무리 여러분이 공부에 시간을 할애하고 있다고 해도 가장 핵심인 뇌의 환경이 최악이라면 공부의 효율은 높아지지 않는다.

그럼 어떻게 하면 뇌를 공부에 최적화한 상태로 만들 수 있을까? 그것은 바로 명상이다(6-5 참조). 명상하는 습관을 몸에 익히면 의외로 간단하게 알파파나 세타파의 뇌파를 출력해서 공부에 적합한 뇌의 환경정비가 가능하다.

학습할 때에는 그 내용에 호기심이나 흥미를 갖고 임하도록 하자. 이것을 습관화하면 여러분의 뇌파는 차츰차츰 자동적으로 알파파나 세타파에 컨트롤되어 효율성이 높은 학습을 할 수 있게 된다.

■ 뇌파의 종류

주파수(Hz)	명칭	특징
30 이상	감마파(γ)	강한 불안을 느끼거나 흥분하고 있을 때 나타난다.
14~29	베타파(β)	낮 활동 중에 우세한 뇌파. 주의력이나 인식력이 정말 강하다.
8~13	알파파(α)	고도의 집중력을 발휘하고 있을 때 우세한 뇌파.
4~7	세타파(θ)	깊은 릴렉스 상태. 얕은 수면 시에 나타난다.
4 미만	델타파(δ)	숙면하고 있을 때, 혼수상태일 때 나타난다.

어떤 상황에서 어떤 뇌파가 나오는가를 염두하고 공부하면 효과적이다.

COLUMN 01

'미신'의 효용을 이해하라

나는 지금까지 수많은 탑 클래스 운동선수의 멘탈 카운슬러를 해왔는데, 일류선수일수록 미신을 믿고 있었다. 일본 프로야구 구단인 오릭스 시절의 이치로 선수는 "안타를 계속 치고 있는 어떤 구장 안의 자동판매기에서 같은 음료를 계속 샀다"는 일화를 남겼다. 전 메이저리거로 현재 후쿠오카 소프트뱅크 호크스의 마츠자카 다이스케 투수는 등판할 때 반드시 3루와 홈의 사이에 이어져 있는 선을 뛰어넘어서 갔다.

한편 에라스무스대학(Erasmus, 네덜란드)의 심리학자 M. 시퍼스 박사는 축구나 하키 등의 탑 클래스 운동선수 197명을 대상으로 설문을 실시, 그들이 '미신을 믿고 있는지 아닌지'에 관해 조사했다. 그 결과 80.3%의 운동선수가 실제로 미신을 믿고 있다는 것이 판명되었다. 자신이 정한 사소한 작업을 미신(운)의 힘으로 취급했을 때 긍정적인 심리 상태로 경기에 임할 수 있다는 것을 그들은 알고 있는 것이다.

이런 점에서 미신을 믿는 것은 공부에 있어서 성적 향상에도 심리학적으로 커다란 공헌을 해줄 것이라고 기대할 수 있다. 예를 들면 '시험 전날에는 반드시 소고기덮밥을 먹는다', '지갑에 부적을 감추어 넣어 둔다' 등과 같은 미신 말이다.

이것들을 습관화하면 "다음 시험에 반드시 합격한다!" 등을 반복해서 외치는 것으로 자기 암시라는 심리 효과가 활성화되고, 긍정적인 심리 상태가 되어 평상심을 잃지 않으며 모티베이션도 생기게 된다.

02 계획하는 기술

- 2-1 시간관리 공부법으로 학습효율을 높여라
- 2-2 'SMART 논리'로 목표를 설정하라
- 2-3 이유불문 공부의 분량을 확보하라
- 2-4 공부는 시간과의 싸움이다
- 2-5 시험 당일부터 '역산 리스트'를 작성하라
- 2-6 공부의 우선순위를 철저히 매겨라
- 2-7 현명한 스케줄링을 하라
- 2-8 부담을 강하게 주는 방법을 사용하라

시간관리 공부법으로
학습효율을 높여라

메사추세츠공과대학(미국)의 파브슨 박사는 "1일 1시간의 공부를 1년간 지속한다면 누구라도 그 분야의 전문가가 될 수 있다"고 주장하고 있는데 공부에 최적인 시간은 기상 후와 취침 전이다.

나는 아침과 저녁시간을 이용해 한 가지 의식을 습관처럼 하고 있다. 그것은 침대에 눕기 전과 후 15분간 명상하고, 30분간 공부하는 것이다. 출장 갔을 때 숙박하는 호텔에서도 특별한 경우가 없는 한, 이 습관을 무너트리는 일은 없다.

아침에는 건강한 뇌를 최대한 발휘해서 창조성을 개발하는 데 시간을 할애한다. 그리고 저녁에는 현재 생각하고 있는 꿈이나 목표에 관해서 생각나는 점을 노트(9장 참조)에 기입한다. 구체적인 나의 아침 의식은 아래와 같다.

● **아침 의식**

1. 아침 기상 후 화장실에 간다.
2. 세면장에 가서 얼굴을 씻고, 이를 닦는다.
3. 침대로 돌아와 15분간 명상의 의식을 행한다.
4. 주방에서 커피를 내린다.
5. 커피 한 잔을 손에 들고 서재로 이동한 후 30분이라는 시간제한을 기준으로 테마를 정해서 아이디어를 내는 작업과 오늘 할 일 등에 우선순위를 매긴다.
6. 아침 의식을 끝내고 거실에서 신문을 읽는다.

건강한 아침의 뇌에는 우울함이 없고 창조성을 발휘할 수 있다.

나는 특별한 일이 생기지 않는 한 내가 정한 의식을 실행하려고 노력한다. 그리고 저녁 의식은 다음과 같다.

● **저녁 의식**
1. 취침 1시간 전에 서재의 책상으로 이동한다.
2. 30분 동안 그날 남아 있는 공부(암기할 것 등)와 반성을 병행해서 일지에 기입한다.
3. 세면장으로 가서 이를 닦은 후 화장실에 간다.
4. 침대로 이동해서 15분간 명상 의식을 행한다.
5. 그 후 잠자리에 든다.

이와 같이 아침, 저녁 각각 약 1시간 동안의 작업이 내게 있어 매우 중요한 의식이다. 그래서 어떠한 것보다도 우선시하고 있다. 회식이 있어도 이 시간을 확보하기 위해 어지간한 일이 아니고는 2차는 가지 않고 집이나 숙소로 돌아와 이 의식을 실행한다. 물론 저녁 회식 자리의 술을 피하는 용기도 가지고 있어야 한다.

조금 더 설명하면, 나의 하루는 수면과 그 전후 1시간의 작업을 중심으로 돌고 있다고 해도 과언이 아니다. 수면 전과 후의 각각 1시간을 조용히 책상 앞에 앉아 공부하는 시간에 할애해 보자. 기상 후에는 창조 분야의 공부를, 취침 전에는 암기물의 공부에 맞추자(8-8 참조).

사람이 어떤 습관을 3주간 지속시킬 수 있다면 반영구적으로 유지할 수 있다고 한다. 여러분도 이 습관을 3주간 지속해 보기 바란다.

피곤해진 취침 전의 뇌에는 암기 등의 공부가 알맞다.

2-2 'SMART 논리'로 목표를 설정하라

목표는 SMART 논리에 근거해서 설정하도록 하자. SMART 논리에 따르면 설정하는 목표에는 5개의 요소가 반드시 포함되어 있어야 한다. 그 5개의 요소는 다음과 같다.

① **Specific(구체적)**
누가 읽어도 알 수 있는 명확하고 구체적인 표현이나 언어를 써서 표시한다.

② **Measurable(측정 가능)**
목표의 달성도는 누구라도 알 수 있도록 내용을 정량화해서 표시한다.

③ **Achievable(달성 가능)**
희망이나 바라는 것이 아닌 그 목표가 달성 가능한 현실적인 내용인지 아닌지 자주 확인한다.

④ **Related(관련성)**
설정한 목표가 자신이 원하고 있는 것과 일치하고 있는가에 관해서 자주 체크한다.

⑤ **Time limit(기간 설정)**
언제까지 목표를 달성할 것인지 그 기한을 명확히 설정한다.

이 5개의 요소를 항상 의식하면서 목표를 설정하고 그 목표를 자신의 손으로 자주 써넣고, 읽고, 자신의 목소리로 레코더에 녹음한 후, 반복해서 듣도록 하자. 그 이유는 목표를 의식하는 빈도와 목표 실현의 확률은 명확하게 비례하기 때문이다.

물론 목표는 자주 고치고 수정하는 것이 핵심이다. 여러분은 당연히 날마다 변화, 진보해 가야 하기 때문에 유연한 목표설정이 필요하다.

생각한 대로 실행이 안 된다면 목표설정 수준을 낮춰 보도록 하자. 일이 잘 진행되어 목표 날짜보다 빨리 달성될 것 같으면 설정 수준을 높여서 보다 어려운 목표로 설정을 바꿔 보자.

목표설정의 최대 목적은 그 목표를 달성하는 것이 아니다. 의지의 레벨을 최고로 끌어올려 줄 목표설정이야말로 최대의 목적인 것이다. 항상 유연한 기분으로 의지(하겠다는)를 최고로 끌어올려 줄 목표를 설정하는 것이 효율성이 높은 공부를 가능하게 하는 구체적인 대책이다.

■ SMART 논리 체크 용지

체크 일 :   년   월   일

테마

1 이 테마는 구체적입니까?
(누가 읽어도 알 수 있는 명확하고 구체적인 표현이나 언어로 표시하자)

2 이 테마는 측정 가능합니까?
(목표달성도를 누구라도 알 수 있도록 그 내용을 정량화해서 표시하자)

3 이 테마는 달성 가능합니까?
(희망이나 원하는 것이 아닌 그 목표가 달성 가능한 현실적인 내용인지 아닌지 명확히 하자)

4 이 테마는 바르게 설정되어 있습니까?
(설정한 목표가 자신이 원하는 것과 일치하고 있는지를 확인하자)

5 이 테마는 기간이 설정되어 있습니까?
(언제까지 목표를 달성할 것인지 그 기간을 명확히 표시하자)

바른 목표설정은 의욕을 촉진시켜 준다.

2-3 이유불문 공부의 분량을 확보하라

공부의 분량을 확보하자. 이것보다 뛰어난 공부법은 그다지 눈에 띄지 않는다. 양과 질이 조화를 이루는 것이 공부법의 왕도이다.

그렇다면 공부의 분량을 어떻게 확보해야 좋을까? 나는 공부의 분량을 확보하기 위해 일주일 단위로 앞을 내다보고 '공부에 몇 시간을 할애할 것인가'를 스케줄러에 기입하는 습관을 가지도록 강조하고 있다. 스케줄러에 구체적인 스케줄을 써넣으면 실행력이 급격히 높아진다. 강력한 결의를 가지고 끝까지 실행할 수 있도록 전력을 다해보자.

'원하면 꿈은 이루어진다'라는 값싼 자기계발 서적이 많이 나와 있지만 나는 전혀 믿지 않는다. 원해서 얻어질 수 있다면 이 세상에는 전부 성공한 사람들뿐일 것이다. 그러나 현실은 그렇지 않다. 물론 내가 원하는 것을 부정하고 있는 것은 아니다. 원하는 것으로 인해 실행력이 붙고 그 실행력 자체가 우리를 꿈에 도달하게 해준다.

이 책의 다른 장(2-8 참조)에서도 조금 설명하고 있지만, '쓰면서(기록) 하는 다이어트'는 무시할 수 없는 다이어트 성공법이다. '쓰면서 하는 다이어트'는 체중의 빈도에 따라 스케줄러에 기입하는 것으로 모티베이션이 생겨 다이어트를 할 수 있는 구체적인 방법을 쉽게 실천할 수 있도록 해준다.

일주일간의 계획을 세운 후 일요일 저녁에 자신의 손으로 다음 주의 공부시간을 스스로 스케줄러에 적어 보자. 그리고 적어 놓은 시간대에는 굳은 의지로 공부할 수 있도록 해야 한다.

『궁극의 단련』(썬마크출판, 2010년)을 집필한 지오프 콜빈은 자신의 저서에서 이렇게 말하고 있다. "궁극의 단련은 견딜 수 없을 정도로 힘들다. 그러나 효과가 있다. 궁극의 단련을 수행해 가면 퍼포먼스가 높아지고 있는 힘을 다해 반복한다면 위업이라는 성취에 연결된다."

오전 0시가 되면 모든 사람에게 똑같이 24시간이 주어진다. 그리고 그 시간은 순차적으로 감소해 간다. '중요하지만 어려운 작업'과 '중요하지 않지만 쉬운 작업'이 있다고 할 때, 10명 중 9명은 후자를 우선시한다. 그러면 결국 나중에 차례가 돌아온 '중요하지만 어려운 작업'에는 손도 대지 못하고 끝날 확률이 높아진다.

아침 일찍 일어나면 우선 여러분이 오늘 해야 할 작업에 우선순위를 매겨 보자. 물론 난이도보다는 중요도를 우선으로 생각하자. 어차피 하지 않으면 안 되는 것이라면 중요한 작업을 최우선으로 하여 충분한 시간을 할애하는 것이 좋다.

공부할 수 있는 시간을 구체적으로 스케줄러에 적어 두면 실행력이 올라간다.

2-4 공부는 시간과의 싸움이다

공부는 시간과의 싸움이다. 시험 날짜(Goal)는 정해져 있기 때문에 의심의 여지없이 남은 시간은 줄어든다. 그러므로 단지 공부하는 것이 아닌 시간이라는 개념을 머리 안에 강하게 새겨 넣고 효율성 있게 공부하는 것이 반드시 필요하다.

나는 독서를 할 때 예를 들어 '20분간 50페이지를 읽겠다'라고 자신에게 말을 건다. 그러면 보란 듯이 뇌는 그 목표를 실현해 준다. 만약 '20분에 25페이지를 읽겠다'라고 선언한다면 역시 뇌는 그 속도로 읽어 나간다.

빠른 속도로 책을 읽거나 참고서를 이해하는 것은 이처럼 마음의 준비가 필수적이다. 물론 책이나 참고서에 따라서 각각 최적의 독서 속도를 결정하자. 그 책에 맞게 최적의 독서 속도를 설정하는 것이 여러분을 공부의 달인으로 이끌어 줄 것이다.

나는 강연활동으로 1년 내내 이동하고 있는데 자투리 시간을 활용해서 읽을 책이나 참고서를 몇 권씩 가방에 넣어 다니고 있다. 포스트잇도 항상 가지고 다니면서 자투리 시간에 읽을 몇 곳에 포스트잇을 붙인다. 그리고 자투리 시간을 이용해서 읽어 나간 부분에도 포스트잇을 붙인다.

뿐만 아니라 자투리 시간이 생기면 우선 전에 읽은 포스트잇의 페이지 구석에 시간을 기입해서 독서를 시작하고 독서가 끝난 페이지에도 시간을 기입해 두는 것을 잊지 않는다. 취침 전에는 오늘 하루 처음부터 마지막까지 페이지에 체크한 시간과 포스트잇의 수를 확인해서 스케줄러에 기록한다.

만약 여러분이 실제로 이 작업을 한다면 생각보다 자투리 시간이 많다는 것에 깜짝 놀랄 것이다. 나의 경우에는 하루 자투리 시간만을 활용해서 한 권의 책을 독파하는 것이 그리 대단한 일이 아니다. 하루 중에 많이 존재하는 자투리 시간을 모아서 공부시간에 할애하는 것은 정말 유효한 공부법 중 하나이다.

제한시간을 설정해 두면 멍하게 있지 않는다. 흔히 말하는 '마감 효과'로 압박을 주어 집중력을 높이자.

2-5 시험 당일부터 '역산 리스트'를 작성하라

　스케줄러를 철저하게 쓰겠다는 마음을 가져야 한다. 공부는 스케줄러를 어떻게 활용하는가에 따라 성공여부가 결정된다고 해도 과언이 아니기 때문이다.

　스포츠에서 피킹(큰 시합에 맞추어 자신의 컨디션을 최고의 상태로 조정하는 일)은 정말로 중요한 요소이다. 예를 들어 니시코리 케이 테니스 선수가 2014년 그랜드슬램 중 하나인 전미 오픈 테니스 대회에서 대활약을 했는데 나는 이것이 피킹에 성공했기 때문에 실현된 것이라고 믿는다. 그는 이 토너먼트에 자신의 심신을 최상으로 만들어 임했기 때문에 결승까지 진출할 수 있었다. 테스트 일로부터 역으로 계산해서 본래의 중요한 시험 당일에 최고의 컨디션으로 임하는 것에 대하여 민감해지도록 하자.

　그리고 그 피킹에는 스케줄의 가시화가 반드시 필요하다. 우선 결전의 날까지의 일수를 역산해서 스케줄러에 빨간 펜으로 기입하자. 나는 연초가 되면 그 해의 연간계획을 세워서 연말까지 실현하고 싶은 꿈이나 목표를 적어 놓는다. 이것이 150권 이상의 서적 집필과 800회 이상의 강연을 실현시켜 주었다.

　매년 1월 1일의 페이지에는 집필할 책 10권, 강연 70회, 골프 라운드 60회 등 구체적인 수치를 입력한 연간 목표를 쓴다. 물론 완독할 책의 권수도 목표로 잡고, 가고 싶은 레스토랑의 구체적인 숫자와 이름도 적어 넣는다. 뿐만 아니라 집 서재의 벽에는 그 해의 커다란 목표를 붙여 놓고 매일 읽어 보거나 과감하게 목표 실현을 위한 행동을 한다. 우선 스케줄을 가시화하고 자주 스케줄러를 보는 습관에 익숙해져야 한다.

시험 당일을 기준으로 역산해서 스케줄을 세우면 어떤 공부에 어느 정도의 시간을 배분할 것인지 확실히 할 수 있으므로 계획을 세우기 쉽다.

공부의 우선순위를 철저히 매겨라

내가 전부터 이상하게 생각하는 것이 있다. 그것은 공부의 달인은 머리가 좋기 때문에 시험이나 자격시험에서 성공하는 사람이 되었다는 신화다. 확실히 공부의 달인 중 머리가 좋은 사람이 많은 것을 나도 부정하지는 않는다. 그러나 그것보다도 정말 중요한 요인은 철저하게 능률적인 공부법을 마스터했다는 것이 아닐까?

어떤 사람은 평등하게 부여된 시간이라는 자원을 살려 어떻게 하면 더욱 효율성 있게 사용할 수 있을까를 필사적으로 고민하고 갈고 닦았기 때문에 좋은 결과를 얻을 수 있었을 것이다.

한편 머리가 좋은데도 불구하고 목표한 대학에 합격하지 못하거나 자격시험에서 매번 잘 되지 않는 사람들의 문제점은 공부의 효율성에 대한 무관심과 무관하지 않다. 효율적인 공부방법은 사람마다 제각각이지만 단순히 물리적인 공부시간을 늘리려고 하는 것에만 집착하는 사람이 많고, 공부의 효율성에 관해서 신중하게 생각하는 사람이 의외로 적다.

● **수면시간을 줄여서는 안 된다**

공부를 위해서 물리적 시간을 늘릴 때 우선 대상이 되는 것이 수면시간이다. 사람들에게는 각각의 수면 패턴이 있어서 하나의 개념으로 말할 수는 없지만 아무리 바쁜 날에도 나는 최저 6시간의 수면을 취하는 습관이 익숙해졌다.

말할 필요도 없이 수면시간을 줄이면 물리적으로 공부시간을 확보하는 것은 가능하겠지만 핵심적인 뇌의 상태가 좋지 않기 때문에 공부의

수면시간을 줄이는 것은 정말 어리석은 짓. 단지 자기만족에 불과하다.

능률이 올라가지도 않고 책상에 앉아 있는 시간이 긴 것에 비해서 공부는 잘 진행되지 않는다.

스케줄러에 오늘의 행동을 명확하게 기입하는 일부터 시작하자. 그리고 필요 없다고 생각하는 시간을 철저하게 배제해 보자. 의미 없는 시간을 배제하는 것은 여러분의 결단이라는 것을 확실히 깨우치고 가자.

예를 들어 공부와는 전혀 상관없는, 어쩌면 필요 없다고 생각되는 '게임을 하는 시간'을 배제할 것인가, 하지 않을 것인가는 여러분의 결단에 달려 있다. 공부와는 전혀 상관없는 게임에 몰입하는 시간이 공부하는 시간을 침식하고 있다고 판단된다면 용기를 내어 그 시간을 배제하도록 하자.

단, 공부의 리프레시 효과로 하루에 15분 정도 중간중간 여러분이 좋아하는 모바일 게임을 몇 번 즐긴다는 식의 시간은 꼭 확보를 하자.

스트레스에 노출되는 공부의 정반대인 리프레시 타임은 반드시 필요하므로 그것을 배제하는 것이 아닌 그 시간을 설정하는 것이 중요하다. 예를 들어 '주말 오전 중 3시간은 공부한다'라고 결정했다면 반드시 1시간마다 15분간의 휴식시간을 설정하자. 그렇게 한다면 리프레시 효과가 나타나서 다음의 1시간을 집중해서 공부할 수 있다.

나는 다음 페이지의 표처럼 일과 카드를 개발해서 많은 학생이나 직장인들에게 활용하도록 하고 있다. 우선 기상 후 이 용지에 '오늘 반드시 달성하고 싶은 일'을 우선순위에 따라서 기입하자. 그리고 취침 전에 그 달성도의 숫자를 넣은 후 반성란에 기입한다. 이 작업은 여러분의 공부가 효율적으로 이루어지는 데 커다란 도움을 주게 될 것이다.

■ 일과 카드

일과 카드

나는 이 목표를 오늘 중에 반드시 달성한다.

1
_____

달성도

☐ %

2
_____

달성도

☐ %

3
_____

달성도

☐ %

반성란

_____
_____
_____
_____
_____
_____
_____
_____
_____
_____
_____

아침에 일어난 후에 오늘 달성하고 싶은 일을 명확히 하면 성과를 내기 쉽다. 목표가 눈에 보이기 때문이다.

2-7 현명한 스케줄링을 하라

하루하루 착실하게 공부의 할당된 기준량을 진행하기 위해서는 목표 설정이 반드시 필요하다. 그럼 목표는 어떤 것들이 좋을까? 목표는 크게 분류해서 ①일과 ②주간 목표 ③월간 목표 ④연간 목표가 있다. 이 4종류의 목표를 모두 작성하는 것이 이상적이지만 기입할 작업이 늘어나서 시간을 빼앗길 수도 있다.

이 중에서도 ①일과와 ②주간 목표를 중요하게 생각하길 바란다. 우선 1일 단위로 시간을 관리하자. 이것이야말로 스케줄 관리의 원점이다. 우리들의 인생은 오늘밖에 없다. 이 점을 확실히 염두에 두자.

일과와 마찬가지로 주간 목표도 중요한 요소다. 설정하기 쉬운 것은 주간 목표다. 일과는 스케줄대로 진행되지 않는 경우가 많기 때문에 주간 단위에서 보완해 주었으면 한다. 특히 주말은 그 주에 할 수 없었던 스케줄을 보충할 수 있는 정말 중요한 시간이다. 만약 여러분의 공부가 일주일 동안 잘 진행되지 못했다면 주말 공부 이외의 스케줄을 희생시켜서라도 확실하게 보충해 주었으면 한다.

월요일에 시작해서 일요일에 끝나는 것이 주간 목표의 특징이다. 아마도 한 주 앞선 여러분의 스케줄은 거의 확정되어 있을 것이다. 일요일 저녁 소파에 앉아 편안한 기분으로 일주일간의 공부에 맞는 시간을 확실히 확보하자.

이때 주의할 점은 계획한 설정을 바꾸어 가면서 무리 없는 형태의 공부 스케줄을 세워야 한다는 것이다. 뇌라는 기관은 일주일간의 스케줄을 생리적, 심리적인 관점에서 검증하는 기능을 가지고 있다. 그렇기 때문에 일과나 주간 스케줄로 무리한 공부시간을 계획해 넣으면 시작하기도 전에 뇌는 모티베이션이 떨어지고 만다. 부디 일요일 저녁에 다음 주의 공부 이외의 이벤트도 감안해서 무리 없는 형태의 공부시간을 확보하는 것을 잊지 말자.

뇌는 이미지 트레이닝에 뛰어난 장기이다. 스포츠 분야에서는 당연시 되어 있는 이미지 트레이닝은 공부에서도 위력을 발휘한다. 이미지 트레이닝을 해 가면서 스케줄을 잡는다면 일주일의 스케줄을 무리 없이 이상적인 형태로 설정하는 스킬을 익힐 수 있다.

단, 무리한 계획은 모티베이션이 떨어지기만 하므로 주의힐 것.

부담을 강하게 주는 방법을 사용하라

 공부할 때 하고 싶은 마음이 생기지 않을 때도 있을 것이다. 그러나 그럴 때에도 기분을 북돋아서 공부에 임하는 자세가 필요하다. 의욕이 생기지 않는다고 쉽게 공부에서 멀어지는 벽을 쌓아 버리면 우리들은 그것에 빠져서 점점 계획을 그냥 무시해 버리거나 실행하지 않게 된다. 사람이란 그냥 두면 쉬운 방향으로 흘러가 버리는 동물이기 때문이다.

 아무리 훌륭한 다이어트 방법이 있다고 해도 오랫동안 하지 않으면 유지하는 것이 고통이 되듯, 작심삼일이 되기 쉽다. 광고에서도 잡지에서도 마이너스 요소는 조금도 나오지 않는다. 좋은 것들로만 가득 넘쳐나는 정보의 행진이다. 눈에 들어오는 다이어트 책을 구입해서 다이어트를 시작했지만 '이런 것은 아니었다!'라는 상상 외의 문제점이 생겨서 쉽게 좌절하고 만다. 물론 그 좌절을 정당화하기 위해서 핑계도 만연하게 된다.

 이것은 모티베이션과 커다란 상관관계가 있는데 이상적인 것만을 생각하고 있으면 하루 아침에 장대한 공부 스케줄에 좌절해 버리고 만다. 그러나 그것도 부담을 강하게 주는 심리 스킬을 활용한다면 잘 극복할 수 있다. 부담을 준다는 것은 무언가 잘 진행되지 않을 때 그곳에서 도망치는 것을 방지하기 위한 벌칙을 두는 것이다. 예를 들어 다이어트에 성공하고 싶다면 섭취한 모든 것을 메모하는 습관을 들이도록 해야 한다.

 먹은 것을 모두 메모하는 룰을 설정하면 기록하는 자체가 귀찮기 때문에 먹지 않으면 메모할 필요가 없다고 느끼고 금식을 의식하여 다이어트에 성공하게 된다. 왜냐하면 뇌는 하고 싶지 않은 것을 회피하는 기능을 가지고 있기 때문이다.

이것은 공부할 마음이 생기지 않는 기분에도 활용 가능하다. 스케줄대로 공부가 진행되지 않았을 때는 반드시 실행되지 않은 이유를 아주 세세하게 기입하는 습관을 갖도록 하자.

부담을 주는 문제와는 별도로 기록하는 파워는 결코 후회하지 않는다. 예를 들어 매일 아침 저녁 3회 체중을 10그램 단위까지 기입하는 '세세히 기록하는 다이어트'를 실행하면 뇌는 게임하는 느낌으로 어떻게 해서든 체중을 줄이기 위해 운동에 임하게 하거나, 적게 먹는 것을 실천하거나, 체중을 줄이는 행동을 하도록 지시한다.

공부를 하지 못한 이유를 쓰는 것 자체가 고통이 되어 공부를 하게 된다.

COLUMN 02

붉은색 옷을 입는 것만으로도 의욕이 올라간다

아드레날린이라는 신경 화학 물질은 공부의 의지와 많은 관련이 있다. 아드레날린은 부현피질로부터 분비되어 신체를 활성화 해준다. 그럼 아드레날린을 효율성 있게 분비시켜서 의욕을 높이는 '특효약'은 없는 것일까?

아드레날린의 분비를 활발하게 하려면 붉은색을 보거나 의식하면 된다. 그러므로 붉은색의 옷(내의나 양말) 등을 입는 것만으로도 의욕이 올라가게 된다. 프로 골퍼인 타이거 우즈도 대회 마지막 날에는 반드시 붉은 셔츠를 입는 습관을 가지고 있었다. 미국의 대학생을 피실험자로 한 심리학 실험에서도 벽을 붉게 칠한 방에서 작업을 하는 것이 다른 색으로 벽을 칠한 방 안에서 하는 작업보다도 확연히 작업 효율이 높았다고 판명되고 있다.

시험 당일뿐만 아니라 밤새워 공부하지 않으면 안 되는 날이나 몸이 좋지 않은데 자신을 북돋아 책상으로 향하게 해야 할 때에는 하나라도 좋으니 붉은 옷을 입어 보자. 자연스럽게 의욕이 높아지는 자신을 보게 될 것이다.

반대로 흥분하기 쉬울 때에는 녹색이나 파란색의 옷을 입어 보자. 녹색이나 파란색은 기분을 진정시켜 주기 때문이다. 또 창조성을 발휘하고 싶을 때에도 녹색이나 파란색을 의식하는 것이 중요하다. 빌 게이츠는 파란색이나 녹색을 대단히 좋아하는 것으로 유명한데 마이크로소프트의 연구개발 부서에는 사원들 방의 벽을 파란색이나 녹색으로 칠해 놓았다고 한다(그것도 개인의 방). 일상생활 중에서 색을 의식해서 잘 활용하는 것은 공부의 효율을 높여주게 된다.

03 이해력을 높이는 기술

- 3-1 '학습의 전이'를 활용하라
- 3-2 '시간제한법'으로 속독하라
- 3-3 '집중학습'과 '분산학습'을 알자
- 3-4 사물의 본질을 꿰뚫는 추론력을 익혀라
- 3-5 'PDCA 사이클'로 상승 흐름을 타라
- 3-6 'SWOT 분석'으로 자신을 객관적으로 보라

3-1 '학습의 전이'를 활용하라

　이해력을 높이는 방법을 다양하게 궁리하면 효율성 있는 학습이 가능하다. 그 전형적인 예가 어학이다. 만약 여러분이 영어를 공부하고 일정 레벨의 실력을 갖추기까지 1,000시간의 학습이 요구된다고 가정해 보자. 그럼 다음에 프랑스어를 외울 때에도 반드시 1,000시간이 필요할까? 그렇지 않다.

　그 이유는 한번 이해한 영문법의 본질은 프랑스어에서도 응용되기 때문이다. 예를 들면 500시간으로도 영어와 같은 레벨까지 도달이 가능하다. 다음에 독일어를 마스터하려면 대강 300시간 정도로도 충분하다.

　이와 같이 이해력이 높아지면 학습시간을 착실하게 단축해준다. 뇌는 본래 응용하는 스킬을 보유하고 있기 때문에 비슷한 테마를 학습하면 그것에 맞게 학습속도를 가속시켜 준다.

　이것은 스포츠 학습에서도 통용된다. 소프트볼을 마스터했다고 해도 수영을 잘하는 것과는 거의 관계가 없을지도 모르지만 야구를 마스터하는 데 걸리는 시간은 확실하게 단축된다.

　우선 자신 있는 분야의 공부를 철저하고 깊이 있게 진행해 보자. 이것은 어려운 분야에서는 잘 되지 않는 일이다. 우선 잘하는 분야를 마스터해 둔다면 비슷한 다른 분야의 이해도는 놀랄 정도로 높아지게 된다.

　단순하게 통으로 암기하는 것이 아닌 이해력을 높여서 법칙이나 비슷한 점을 확실하게 파악하면 뇌가 가진 응용력을 자극해서 학습시간을 단축해준다.

　물론 잘하는 분야의 서적을 읽는 것도 중요하다. 그렇게 하면 그다지 복잡하지 않은 다른 분야의 이해력도 높아지게 된다. 전문적으로는 이 현상을 학습의 전이라고 부르고 있다. 뇌는 이런 일에 특화된 장기이다. 공부를 잘하는 사람은 이 편리한 기능을 확실하게 활용하고 있다. 조금 더 설명하면, 더욱 전문적이면서 고도의 스킬일수록 학습의 전이가 활발해져 학습의 속도가 비약적으로 높아지게 된다.

여러분이 잘하는 분야는 무엇인가? 그리고 그 잘하는 분야에 가까운 영역은 무엇인가? 이런 것에 관해서 신중하게 생각해 보자. 그렇게 한다면 한층 효율성이 좋은 학습을 할 수 있게 될 것이다.

어학 실력이 뛰어난 사람은 학습의 전이를 잘 이용하는 경우가 많다.

3-2 '시간제한법'으로 속독하라

나는 일과 관련된 책을 많이 읽고 있는데 인터넷 서점에서 구입한 서적이 월 평균 10권 정도 된다. 서점에 한번 갈 때 구입하는 금액도 신간 서적이나 잡지를 중심으로 10만 원이 넘는다. 내용을 확인하고 살 때는 반드시 서점에서 구입하지만 인터넷에서도 눈에 들어오는 책이 있으면 고민하지 않고 바로 구입하곤 한다. 따라서 서적을 구입하기 위해 들이는 비용은 잡지도 포함해서 연간 300만 원 정도에 달한다.

이해력을 높이는 것과 더불어 독서는 반드시 해야 한다. 책을 읽는 작업은 나의 일이기도 하고 책을 집필하는 출력 작업을 위해서는 꼭 필요한 입력 작업이다. 나는 주 단위로 독서의 책임량(기준)을 스스로에게 부여한다. 일주일에 최저 5권 이상, 1년에 적어도 250권을 읽는 것이 나의 책임량이다. 이 책임량을 이행하기 위해서 오랜 기간 동안의 독서가 몸에 습관이 될 수 있도록 나름의 속독 기술을 실천하고 있다.

이것은 어디까지나 개인적인 생각이지만 주변에 떠돌고 있는 속독 관련 서적을 나는 별로 신용하지 않는다. 그런 책들 중에는 『1권을 5분에 읽어내는 비결』, 『1초에 1페이지의 페이스로 읽어가는 비결』처럼 마법과 같은 언어가 즐비하다. 그러나 그런 신과 같은 일(?)이 습관화되었다 해도 정말 어느 정도 그 책의 내용을 이해하고 있는가에 대해서 의문을 품지 않을 수 없다.

그런 신과 같은 작업을 몸에 익히는 것보다도 나 자신이 오랜 기간 실천하고 있는 시간제한법을 활용한 독서 방법을 추천한다. 이것은 미리 시간을 설정해서 책을 읽는 방법이다. 예를 들어 비교적 확실하게 독서

시간이 확보 가능한 주말을 활용해서 문고판이라면 1시간 안에 읽어 내자고 선언하고 읽기 시작해 보는 것이다.

200페이지 정도의 서적이라면 1페이지를 15~20초의 속도로 읽어 나가면 좋다. 읽어야 할 시간을 뇌에 가르쳐 준다면 보란 듯이 시간 안에 읽어 내는 것이 가능한 자신을 보게 될 것이다. 처음부터 책의 내용을 100% 이해할 필요는 없다. 70~80% 이해해도 괜찮다는 가벼운 마음으로 읽어 나가자. 책의 페이지에 눈길을 주는 습관이 생기면 어느 곳이 중요하고 중요하지 않은지 바로 알 수 있게 된다.

이 독서법을 실천해 가다 보면 읽는 속도를 자유롭게 바꾸어 가면서 중요한 부분은 집중해서 그 정도로 중요하지 않은 부분은 대충 읽어 나가는 능력이 생기는 것을 실감할 수 있을 것이다. 어찌 되었든 마음대로 대충 읽어도 괜찮으니 보다 많은 책을 읽도록 하자. 이것이야말로 이해력을 높이고 효율성이 높은 공부를 하기 위해 필요한 습관이다.

최근 조사에서 일주일에 여러 권의 책을 읽는 사람의 비율은 9.3%, 일주일에 1권을 읽는 사람은 12.5%, 전혀 책을 읽지 않는 사람이 6.1%였다고 한다. 그중 가장 높은 비율이 한 달에 1권의 책을 읽는 사람으로 18.9%이다. 앞으로 독서하는 사람과 독서하지 않는 사람의 이해력의 차이는 점점 더 벌어질 것이다.

책을 읽을 때에도 제한시간을 설정하면 집중할 수 있다.

3-3 '집중학습'과 '분산학습'을 알자

　같은 시간을 학습해도 그 밀도에 따라서 효과는 전혀 다르게 나타난다. 일반적으로 집중해서 한번에 학습하는 것을 집중학습, 어느 정도 시간을 분산시켜서 꾸준히 학습하는 형태를 분산학습이라고 부른다.

　단어학습에 관한 실험 하나를 소개한다. 이 실험에서 A와 B, 두 그룹으로 나누어 단어의 조합을 기억시켰다. 총 학습시간은 동일하다.

　우선 A그룹에게는 테스트 전날 한번에 몰아서 학습을 시켰다. 그리고 B그룹에게는 테스트 전 2일간 분산해서 학습하도록 했다.

　결과는 어떻게 나왔을까? 다음 페이지 표에 결과를 표시했다. 학습 후 같은 날에 실시한 테스트의 결과, 두 그룹의 성적은 거의 비슷했다. 그러나 그다음 날 다시 테스트를 실시한 결과, 분산학습을 한 B그룹의 성적이 A그룹보다 확실히 좋게 나왔다.

　이 실험에서 증명된 것은 몰아서 하는 학습은 내용을 잊어버리기 쉽다는 사실이었다. 즉 결론은 이렇다. 밤샘으로 대표될 법한 집중학습은 한번에 암기하는 반동에 의해 기억이 불안정하다는 점이다. 이 사실에서 예상할 수 있는 것은 집중학습은 단기 기억으로서 기억되지만 장기 기억으로 이행되기는 어렵다는 사실이다.

　결국 매일 꾸준히 공부하는 사람들이 확실하게 풍부한 지식을 몸에 익히게 된다. 물론 장기간에 걸쳐서 공부를 강요당하는 수험공부나 변호사, 공인중개사 같은 자격시험을 준비하는 데 있어서도 분산학습이 유효하다는 것은 말할 필요도 없다.

■ 집중학습과 분산학습에 관한 실험 결과

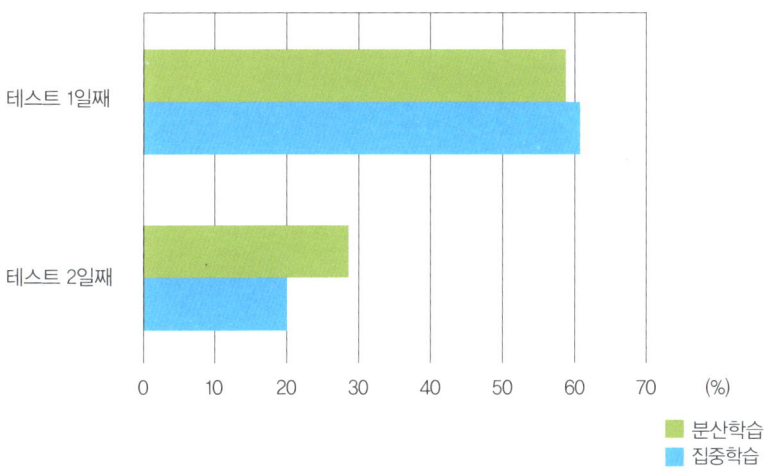

분산학습과 집중학습 모두 기억한 직후에는 그다지 변화가 없지만 시간이 지나면 집중학습으로 기억한 것은 잊어버리기 쉽다. 반대로 꾸준히 기억한 것은 비교적 잘 잊어버리지 않는다.
출전 : Leib Litman and Liia Davachi, 『Distributed learning enhances relational memory consolidation』 LEARNING MEMORY, 15, 2008, pp. 711-716.

밤샘 공부는 다음 날의 시험에는 효과가 있지만 장기간 기억되도록 하는 것은 어렵다. 출전 범위가 좁은 정기시험은 밤샘도 참고 견딜 수 있지만, 종합적으로 테스트하는 본 시험인 대학입시 같은 경우에는 대응할 수 없다.

3-4 사물의 본질을 꿰뚫는 추론력을 익혀라

추론하는 습관은 효율적인 공부를 추진할 때 큰 도움이 된다. 단순히 표면에 있는 지식을 기억하는 것만으로는 효율적인 공부라고 말할 수 없다. 여기서 추론에 대한 정의를 내려보자. 추론이란 어떤 사실을 근거로 하여 미지의 사항을 유추해서 논의하는 것이다. 지식을 머리 안에 쌓아 놓는 것만으로는 발전이 없다. 그 지식을 근거로 이후의 변화를 예측하거나 해야 할 일에 우선순위를 매기는 작업에 추론이 요구된다.

직감을 움직여서 다음 시험의 출제 경향을 예측하는 습관을 익히도록 해보자. 교재의 출제 범위를 모조리 공부하고 있다는 것만으로는 아무리 많은 시간이 있어도 부족하다. 추론에 의해서 출제를 예측하고, A(중점적으로 공부할 필요가 있다), B(공부해 두는 편이 좋다), C(무시해도 좋다)의 3단계로 분류하는 작업은 효율적인 공부를 할 수 있도록 도와주는 것은 물론 여러분을 합격의 길로 인도해줄 것이다.

물론 공부 이외에 일반적으로 추리 소설을 읽거나 추리 드라마를 보는 것도 추론의 기회를 증가시켜 준다. 그뿐만이 아니다. 주식거래나 경마 등 추론하는 힘이 필요한 곳에도 푼돈 정도는 괜찮으니 기분전환 겸해서 살짝 경험해 보는 것을 추천하고 싶다. 다양한 데이터를 수집해서 그것을 머리에 넣고, 올라가는 주식이나 레이스에서 승리할 말을 추리해 본다. 돈을 걸지 않고도 가능하지만 일부러 자기 돈을 들임으로써 그에 따른 신중함도 늘어나게 된다.

공부의 효율화뿐만 아니라 인지병(치매) 예방에도 이런 작업들이 도움을 줄 수 있다. 주식매매나 경마 예측을 적당히 하는 것은 추론하는 힘을 키우고 공부뿐만 아니라 뇌의 활성화에도 도움을 주기 때문이다.

적당한 투자나 갬블은 추론력 단련에 유효하다.

3-5 'PDCA 사이클'로 상승 흐름을 타라

PDCA 사이클을 공부에 활용하면 이해력을 심화시킬 수 있다. 여기서 간단히 PDCA에 관해 언급해 보겠다. 이것은 품질관리 시스템을 구축한 월터 앤드루 슈하트(Walter Andrew Shewhart)와 에드워즈 데밍(W. Edwards Deming) 등이 제창한 시스템이다. PDCA 사이클이라는 명칭은 다음 페이지의 그림과 표처럼 사이클을 구성하는 4개의 스텝의 머리글자를 연결한 것이다.

이 4개의 스텝을 순서대로 진행해서 한 바퀴를 돌면, 최후의 ACT 단계를 다음의 PDCA 스텝에 연결하고, 나사 모양을 그리듯이 한 바퀴마다 그 스텝을 향상시켜서 지속적인 행동개선을 실현해 간다. 이것은 공부에서도 응용이 가능하다. 자신의 최대의 무기(장점)를 갈고 닦는 것은 물론 가장 큰 결점으로 눈을 돌려서 자기 약점을 극복하는 것이 중요하다.

테니스 선수인 니시코리 케이가 2014년 한 해 동안 큰 활약을 지속할 수 있었던 요인은 그에게 치명적인 결점이 눈에 띄지 않았던 것이라고 나는 생각한다. 아무리 케이 선수의 스트로크가 훌륭하다고 해도 치명적인 결점이 있었다면 상대는 그곳을 파고들었을 것이기 때문이다.

니시코리 선수는 상대에게 끊임없이 공격을 당하면서도 끈기 있게 반격해서 찬스 볼을 가져갔다. 그리고 허술한 볼로 상대가 반격해 오면, 그 기회를 놓치지 않고 바로 에이스로 마무리했다.

어디에도 결점이 보이지 않았던 니시코리 선수를 공격만 했던 상대 선수는 근성에서 패해 결국 백기를 들 수밖에 없었던 것이다.

이것은 완벽하게 공부에도 그대로 적용된다. 시험에 합격하기 위해서는 무기를 닦는 듯한 자세는 물론이고 결점을 없애는 전략이 요구된다.

PDCA 사이클은 주로 결점을 발견·개선하는 데 도움이 된다. 지금보다도 더 결점에 대해서 의식하자. 틀리거나 잘 풀리지 않는 문제는 반드시 복습하고 왜 틀렸는지, 어떻게 하면 틀리지 않았을까를 정확히 파악하고 다시는 같은 실수를 반복하지 않도록 준비를 하자. 이것이 여러분의 이해력을 심화시켜 준다.

PDCA 사이클은 문제점을 유출해서 그것을 개선하기 위한 것이다. 이 사이클은 여러분의 약점을 철저하게 수정해 가면서 문제점을 개선하고 이해력을 심화하는 역량을 담당하고 있다. 최대의 무기를 만들어 가면서 동시에 결점을 없애는 노력을 유지한다면 상승 흐름(스파이럴)을 탈 수 있을 것이다.

■ PDCA 사이클

1	Plan(계획)	종래의 실적이나 장래의 예측 등을 근거로 한 계획을 작성하자.
2	Do(실시, 실행)	계획에 따라서 작업을 실행하자.
3	Check(점검, 평가)	행동의 실행이 계획에 맞는지 확인하자.
4	Act(처치, 개선)	계획에 맞지 않는 실행 부분을 조사해서 처치하자.

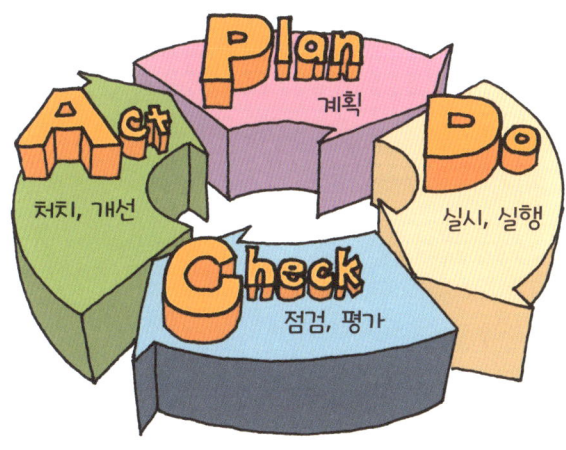

PDCA 사이클에서는 최후의 A가 특히 중요하다. 이 부분이 잘 진행되면 나선 계단을 올라가듯 상승해 갈 수 있기 때문이다.

'SWOT 분석'으로 자신을 객관적으로 보라

 이해력을 심화시킬 때 SWOT 분석은 아주 좋은 아군이다. 여기서 말하는 SWOT는 S:Strength(장점), W:Weakness(약점), O:Opportunity(기회), T:Threat(위협)의 머리글자를 따온 것이다.

 스탠포드 연구소의 알버트 험프리(Albert Humphrey)가 고안해낸 이 분석법은 자신의 강점과 약점이라는 내부요인을 객관화하는 것과 함께 자신에게 찬스와 위협이 될 수 있는 외부요인에 관해서 점검하는 것이 가능하다.

 예를 들어 '3개월 후에 영어 1급에 합격한다'라는 목표를 실현하기 위한 SWOT 분석에 관해서 생각해 보자. 분석하는 방법은 간단하다. 다음 페이지 표와 같이 '강점', '약점', '기회', '위협'을 4등분해서 4개의 섹션으로 나눈다.

 최초에 외부요인의 2개 요소인 '기회'와 '위협'을 먼저 기입해 간다. '승진시험에서 영어의 비중이 높아지고 있다', '나의 업무에서 영어를 사용하는 빈도는 높아지고 있다'는 기회이고, '영어가 가능한 직원의 중도 채용이 늘고 있다', '내가 희망하는 해외 근무의 사내 경쟁률이 높아지고 있다'는 위협에 해당한다.

 그리고 다음은 '강점', '약점'이라는 내부요인을 파악한다. 우선 강점은 '나는 영어공부가 아주 좋다'라든가 '나는 영어가 특기이다' 등이다. 한편 약점은 '일이 너무 많아서 영어학습에 충분한 시간을 할애할 수 없다'라든가 '본격적으로 영어공부를 하려고 보니 돈이 너무 많이 든다'라는 사실이다.

SWOT 분석에 의한 포지티브와 네거티브의 요인을 유출했다면 다음은 크로스 SWOT 분석을 해 보자. 맨 아래 표와 같이 4개의 질문에 답을 하는 것이다. '강점을 살려서 기회를 획득하기 위해서는?', '강점을 살려서 위협을 최소한으로 누를 수 있는 것은?', '약점을 보완해서 기회를 활용하기 위해서는?', '약점에서 최악의 상황을 회피하기 위해서는?'이라는 4가지의 질문에 답을 해 나간다.

이 용지를 복사해서 SWOT 분석을 해 보면 공부에 대한 이해력은 자연히 심화되고 결과적으로 여러분의 학습법은 잘 정비되어 목표를 달성할 수 있는 확률이 높아진다.

■ SWOT 분석 용지

	플러스	마이너스
내부요인	당신의 강점은 무엇입니까? (Strength) · 나는 영어학습을 좋아한다.	당신의 약점은 무엇입니까? (Weakness) · 일이 바빠 영어공부에 충분한 시간을 할애할 수 없다. · 영어공부를 본격적으로 하려니 돈이 든다.
외부요인	당신에게 주어진 기회는 무엇입니까? (Opportunity) · 승진시험에서 영어의 비중이 높아지고 있다. · 나의 업무에서 영어를 사용하는 빈도가 많아지고 있다.	당신을 둘러싼 위협은 무엇입니까? (Threat) · 영어 가능한 직원의 중도 채용이 늘고 있다. · 내가 희망하는 해외 근무의 사내 경쟁률이 높아지고 있다.

■ 크로스 SWOT 분석 용지

강점×기회	강점을 살려서 기회를 획득하기 위해서는?	· 영어공부를 해서 능력을 올리고 난이도 높은 업무를 유지해서 승진을 목표로 한다.
강점×위협	강점을 살려서 위협을 최소한으로 막으려면?	· 영어공부를 해서 능력을 올리고 라이벌에 지지 않도록 열심히 하고 전직도 염두에 둔다.
약점×기회	약점을 보강해서 기회를 활용하려면?	· 자투리 시간이나 저렴한 가격의 앱을 활용해서 효율적으로 공부하고 찬스를 놓치지 말고 업무도 완수한다.
약점×위협	약점에서 최악의 상황을 피하기 위해서는?	· 인기가 많은 해외 근무 부서는 피하고 영어 이외의 경쟁력을 키운다.

애초에 SWOT 분석은 기업이 경영전략을 결정할 때 이용하기 위한 분석 수법으로 고안되었다.

COLUMN 03

핑계는 철저하게 배제하라

시험 성적이 좋지 않았을 때 절대 주변 사람들에게 "내 머리가 나쁜 것은 아버지로부터의 유전이다!"라든가 "몸 상태가 좋지 않아서 공부할 시간을 확보하지 못했다"라는 핑계를 입 밖으로 내뱉어서는 안 된다. 만약 억울하다 해도 긍정적인 언어를 토해내는 습관을 갖도록 하자.

텍사스대학의 심리학자 T. 리스카 박사는 체육학부 학생 189명에게 달리기를 시켰는데 시작하기 전부터 "오늘은 몸이 좋지 않다"라든가 "지금은 집중이 되지 않는다" 등 네거티브 발언을 하는 학생일수록 성적이 나쁘다는 결과를 발표했다. 또 **주체성 없는 사람은 승자 그룹에 들어갈 수 없다**는 사실도 판명되었다. 플로리다주립대학의 P. 펠레위 박사는 110명의 학생에게 라디오 조립 작업을 시켰다. 모든 학생이 이 작업을 처음 해 보는 것은 말할 필요도 없었다. 작업은 최후까지 묵묵히 진행하는 학생과 도중에 던져 버리거나 포기하는 학생으로 나뉘었는데 박사는 **최후까지 계속 조립한 학생의 공통점**을 다양한 각도에서 분석했다. 그 결과 그들은 **자신의 인생은 자신이 헤쳐 나간다는 주체성을 갖고 있다**는 사실이 판명되었다. 박사는 "주체성 있는 사람은 도중에 포기하는 것을 아주 싫어하기 때문에 마지막까지 열심히 한다"고 주장하고 있다.

누군가와 함께 식사를 할 때 메뉴를 다른 사람에 맞추려고 하지 말고 자신이 먹고 싶은 음식을 주문하거나, 선생님이나 상사의 지시를 안이하게 받아들이지 않고 자신의 생각을 확실히 주장하는 것이 중요하다.

04 논리적 사고력을 높이는 기술

4-1 '삼각로직'으로 논리적 사고를 하라
4-2 '귀납법'과 '연역법'을 자유자재로 써라
4-3 '매트리스 분석'으로 할 일을 명확히 하라
4-4 '메타 인지력'을 높여라
4-5 브레인스토밍을 효과적으로 실시하라

4-1 '삼각로직'으로 논리적 사고를 하라

우리나라 일본 등 동양권 나라에서는 대부분 시험을 볼 때 기억력을 잘 구사해서 지식을 얼마나 많이 뇌에 축적시키는지가 경쟁의 승패를 좌우한다. 그러나 지금은 논리적 사고를 요구하는 문제가 늘어나고 있는 추세이다. 사실 공부 잘하는 우등생들은 논리적 사고를 구사해서 효율적인 공부를 한다. 즉 논리적 사고를 마스터하면 효율적인 공부가 가능하다는 이야기다.

앞서 설명했지만 누구에게나 공평하게 오전 0시가 되면 똑같이 24시간이 주어진다. 만약 여러분이 '물리적으로 공부시간을 늘리면 공부를 잘할 수 있다'고 생각한다면 이 생각을 완전히 덮어 버려야 할 것이다. 동일한 시간만큼 공부한다면 철저하게 논리적 사고의 스킬을 높여서 효율적인 공부법을 몸에 익혀 보도록 하자.

● 데이터 + 이유 –〉주장

논리적 사고의 스킬을 향상시키기 위해서는 삼각로직을 빼놓을 수 없다. 삼각로직을 형성하는 3개의 요소는 '주장', '데이터', '이유'다.

자신만이 아닌 상대방의 생각을 정리할 때도 이 3가지의 요소에 따라서 정리하면 알기 쉽다. 이 3가지 요소를 순서대로 설명해 보자.

• 주장

이야기의 결론, 추론, 의견 등을 지칭한다. 물론 상대방을 설득할 때의 중요한 제안도 주장에 포함된다.

■ 삼각로직

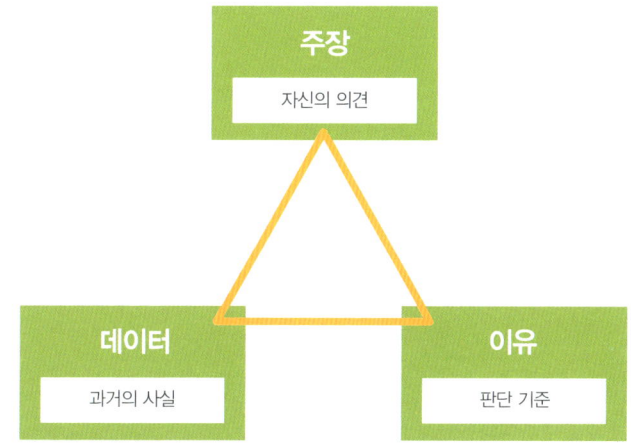

자신의 주장은 데이터와 이유로 유지한다.

■ 삼각로직의 예

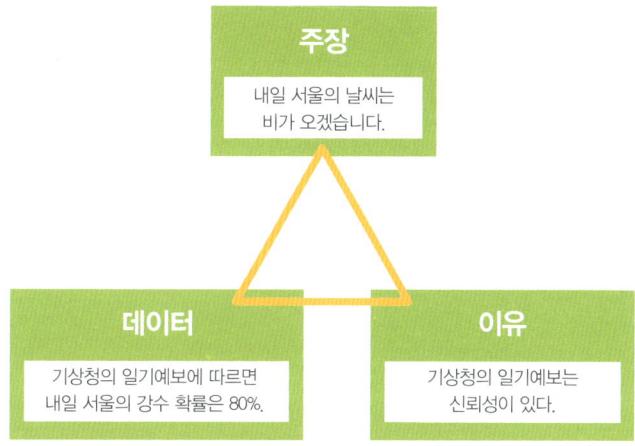

신뢰가 있는 기상청의 데이터이기 때문에 일기예보는 신빙성이 있다.

- **데이터**

  주장을 뒷받침하는 객관적인 사실이다. 여기에 자신의 생각을 개입시켜서는 안 된다.

- **이유**

  법칙, 원리 원칙, 상식이라 말하는 데이터를 뒷받침하는 일반적으로 인정되는 것을 지칭한다.

  삼각로직에서는 데이터와 이유를 근거로 주장이나 의견을 구축한다. 예를 들어 앞 페이지의 표와 같이 '기상청의 일기예보에 따르면 내일 서울의 강수량은 80%이다'라는 데이터와 '기상청의 일기예보는 신뢰성이 있다'라는 이유로 '내일 서울의 날씨는 비가 오겠습니다'라는 주장을 구축할 수 있는 것이다.

  삼각로직을 이해했다면 데이터와 이유를 근거로 바른 주장이 구축되어 논술 시험에서 고득점을 기대할 수 있다. 데이터가 받쳐 주지 않는 주장은 설득력이 떨어지고 이유를 무시한 주장도 채점자에게는 받아들여지지 않는다.

  만약 여러분의 주장에 데이터가 포함되어 있지 않다면 상대는 "왜 그런 주장이 되는 거지?"라고 의문을 갖게 될 것이다. 또는 주장의 이유가 없으면 "어떻게 해서 그런 결론이 나온 거지?"라고 반격을 받게 된다. 통상적으로 자신의 주장이 상대가 품고 있는 '왜?'와 '어째서'라는 2개의 요소를 만족시키고 있는가에 관해서 철저하게 생각하는 습관을 갖도록 하자.

  논술 문제에 있어서도 우선 '데이터'와 '단서(이유)'에 관해서 논술하고 그것을 근거로 주장을 전개하면 된다. 그러면 다음 항목에서 '데이터'와 '단서(이유)'를 주장에 연결하는 2가지 방법을 공부해 보자.

🔴 나쁜 예

🔵 좋은 예

통상 대수롭지 않은 일에도 삼각로직을 사용해서 주장하면 좋은 연습이 된다.

'귀납법'과 '연역법'을 자유자재로 써라

자신의 주장에 대해 상대의 마음을 끌어당길 두 가지 방법이 바로 귀납법과 연역법이다.

우선 귀납법은 개개의 사실에 근거해서 그 근거에 따라 결론(주장)을 이끄는 방법이다. 삼각로직으로 설명하면 다음 페이지처럼 '데이터' → '단서(이유)' → '주장'이라는 경로를 취하게 된다. 예를 들어 범인 수사에서 모든 각도에서 근거(데이터)를 찾아내고, 그 근거를 기준으로 형사의 과거 지식이나 경험에 의해 결론에 이르는 것이 전형적인 예다. 귀납법의 결점은 최초에 '데이터 위주'여서 영역이 확산되고 이유에 에너지가 필요하다. 아무 생각이 없는 경험이 적은 멤버는 받아들이기 쉽겠지만 요구된 에너지에 비해 결실이 적은 일도 있다.

연역법은 우선 이유를 작성해서 그것을 뒷받침하는 데이터로 보강하고 주장을 이끌어내는 방법이다. 즉 삼각로직에 있어서 다음 페이지처럼 '단서(이유)' → '데이터' → '주장'이라는 경로를 취한다. 예를 들어 회사를 매수할 때 '매출 1000억 원 이상, 경상이익 200억 원 이상, 자사와 동종 업계'라는 단서(이유)부터 시작한다. 그리고 그것에 적합한 회사를 찾아내서 최종적으로 매수할 회사를 결정하는 수법이 연역법이다.

연역법은 먼저 단서(이유)에 의해 철저하게 범위를 좁히는 것이 우선되기 때문에 정말 효과적인 방법이다. 경험 많은 비즈니스맨이 행하는 방법이기도 하다. 단 그 생각에만 빠져서 최초의 단서(이유)가 틀리게 되면 주장도 틀리게 될 가능성이 높다. 어쨌든 2개의 방법을 잘 활용하면 논술 형태의 시험 준비가 가능하다.

■ 귀납법

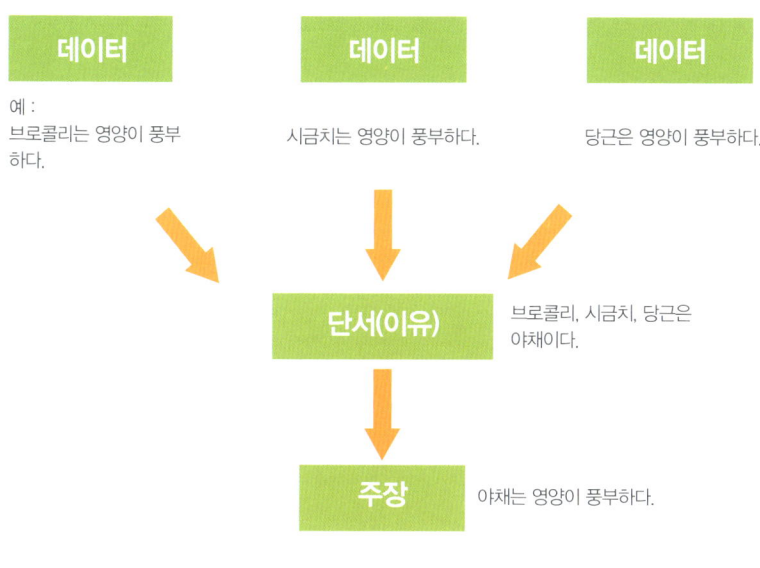

■ 연역법

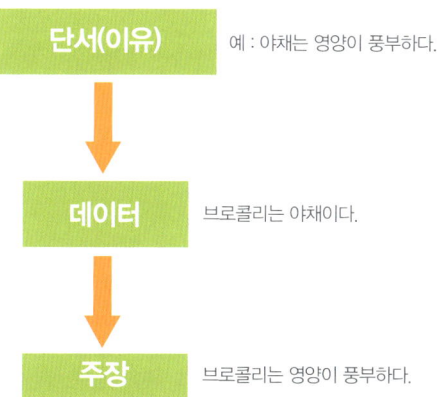

귀납법과 연역법은 각각의 출발점이 각각의 결론이 되고 있다. 경우에 따라서 사용하면 된다.

4-3 '매트리스 분석'으로 할 일을 명확히 하라

매트리스 분석은 아이디어를 명확히 하기 위해서 위력을 발휘하는 방법이다. 매트리스는 좌표축으로 가로축과 세로축을 작성해서 각각 항목을 2개씩 결정해 4개의 항목을 리스트업한다. 이 방법은 특히 경제 분야에서 많이 사용되고 있는데 공부에서도 충분히 활용 가능하다.

예를 들어 매트리스 분석을 '베르하르트·와이너의 원인 귀속 논리'에 적용시켜서 생각해 보자. 명성 높은 심리학자인 와이너 박사는 어떤 과제를 달성할 때에 성공과 실패의 원인을 4가지의 요소로 분류했다. 그것들은 통제의 위치(내적인 요소와 외적인 요소)와 안정성(고정적 요인과 변동적 요인)이다. 다음 페이지의 표에 나온 것처럼 '노력', '운', '능력', '과제의 난이도'의 4개 요소로 분류된다.

만약 실패했을 경우 '운'이나 '능력' 때문이라고 해도 아무것도 해결되지 않는다. 그것들은 자기 스스로는 거의 컨트롤 불가능한 요소라서 격하게 반응해도 소용없기 때문이다. 그러나 스스로 거의 100% 컨트롤 가능한 '노력'과 '과제의 난이도'에 특화해서 노력한다면 다음 기회에 잘 될 수 있는 확률이 높아진다. 이와 관련하여 나의 올해 공부 방침은 가로축에 전문 분야의 공부와 비전문 분야의 공부, 세로축에 기억 타입과 논술 타입의 4개 영역으로 분류하고 있다.

이와 같이 2개 요소의 상반된 2가지의 항목을 적어보면 옆의 그림처럼 공부의 방향성이 명확해진다. 이때 엑셀 등의 소프트웨어는 대량의 정보를 처리해서 정리하거나 세로축과 가로축에 의미를 주어서 정보를 정리할 때 활용 가능하다.

■ 매트리스 분석의 예

		안정성	
		변동한다	변동하지 않는다
통제의 위치	외적	운	과제의 난이도
	내적	노력	능력

베르하르트 와이너의 원인 귀속 이론을 매트리스 분석한 결과. 실패한다 해도 다음에 스스로 컨트롤할 수 있는 '노력'과 '과제의 난이도'에 주력한다면 성공 가능성을 높일 수 있다.

■ 공부에 있어서 매트리스 분석의 예

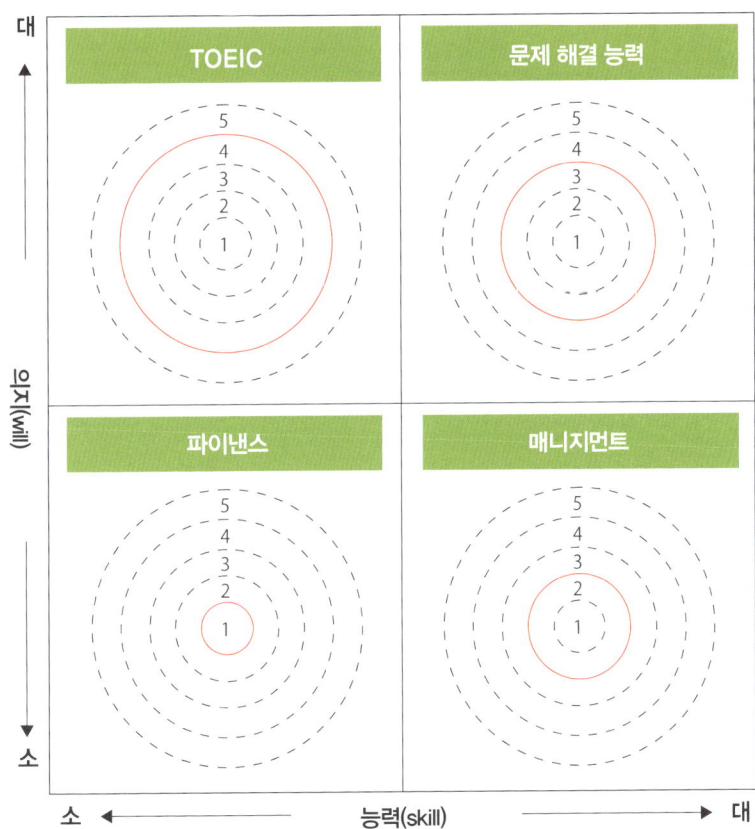

예를 들어 공부해야 할 항목 4개를 써넣고 각각의 매스에 나누어 맞춰 보면 어디에 어느 정도 주력하면 좋을지 시각적으로 알기 쉽다.

4-4 '메타 인지력'을 높여라

논리적인 사고를 유추하기 위해서는 메타 인지력을 몰라서는 곤란하다. 메타 인지력을 한마디로 표현하면 생각하는 것에 관해서 생각하는 행위를 말한다. 메타(meta-)는 '고차(높은 차원)'라는 의미의 접두어로 타인의 관점에서 본 자신을 생각하는 능력이다.

"나는 영어를 잘하지 못한다"라고 말하는 것은 단순한 사고이지만 이것을 메타 인지적인 사고로 변환하면 "나는 공부하고 있지 않기 때문에 영어를 잘하지 못한다. 따라서 공부를 하면 좋은 점수를 획득할 수 있다"가 된다.

조금 더 구체적으로 표현하면 다음과 같다.

- 학습할 때 자신이 잘하고 못하는 것을 생각하면서 공부한다.
- 적어도 3개의 학습방법을 생각해서 그 중에 가장 효율적인 학습법을 선택한다.
- 학습할 때는 시험 당일부터 역산해서 면밀히 계획을 세워서 실행한다.
- 학습의 테마를 분석해서 우선순위를 매긴 다음 학습시간을 분배한다.

메타 인지는 메타 인지적 지능과 메타 인지적 기능으로 분류된다.

① **메타 인지적 지능**
인지작용의 상태를 판단하기 위해서 축적된 과제나 계획에 관한 지식.

② 메타 인지적 기능

메타 인지적 지식에 비추어 인지작용을 직접적으로 조정하는 자기 모니터링에 관해서 자기 평가하는 기능.

인지능력이 우수한 사람은 당연히 시험 성적이 좋은 사람이 많다. 같은 지식을 가지고 있어도 메타 인지력이 낮은 사람은 멍청한 실수가 잦고 생각한 것보다 성적도 나오지 않는다.

■ 메타 인지란?

자신을 객관적으로 바라보면 냉정한 판단이 가능하게 된다.

4-5 브레인스토밍을 효과적으로 실시하라

논리적 사고력을 높이기 위해서 올바른 브레인스토밍의 방법을 알아두자. 브레인스토밍의 목적은 뇌를 최대한 해방시켜서 자유분방하게 아이디어를 출력하는 것이다. 그렇다면 브레인스토밍을 할 때 중요한 룰에 대해 살펴보자.

첫 번째 룰은 상식을 깨는 것이다. 뇌 안에 존재하는 노하우나 지식을 중심으로 가능한 한 기발한 아이디어를 출력하자.

두 번째 룰은 어찌되었든 많은 분량을 내는 것이다. 질을 높이려고 생각하고 있다면 많은 분량은 나오지 않게 된다. 처음에는 하찮은 아이디어라고 생각해도 그것을 잠시 묻어 두면 그곳에서 새로운 발상이 생기는 경우도 있다.

세 번째 룰은 나온 아이디어에 대한 비판을 절대 하지 않는 것이다.

네 번째 룰은 시간제한을 두는 것이다. 예를 들어 '인기 있는 스마트폰 앱'이라는 테마로 아이디어를 낼 때 하나의 테마에 제한시간 5분 이내라는 시간 설정을 하자.

아이디어는 최초에 많이 나오는 경향이 있다. 시간이 경과하면서 점점 논리적 뇌가 우세해지기 때문에 신선한 아이디어가 나오기 어려운 것이다. 물론 1인 브레인스토밍도 추천한다.

독일의 경영 컨설턴트 호리겔이 개발한 635법은 논리적 사고력을 기를 수 있게 해준다. 635법이란 6명이 3개씩의 아이디어를 5분간 생각하자라는 의미이다. 우선 최대 6명의 사람이 원탁에 앉아서 날짜, 장소, 그리고 테마를 쓴다. 예를 들어 '내년 자격시험의 경향에 관해서'라는 테

실시하는 방법이 틀리면 효과적인 브레인스토밍이 되지 않는다.

마로 아이디어를 낸다. 그래서 다음 페이지의 표처럼 가장 위의 첫 번째 칸 ABC에 3개의 아이디어를 5분 안에 낸다.

5분이 경과하면 자신의 용지를 순서대로 다음 사람에게 시계방향으로 넘긴다. 남의 아이디어를 참고해 가면서 자유롭게 발상할 수 있는 것이 이 발상법의 특징이다. 통상의 브레인스토밍과 같이 다른 사람을 염두에 둘 필요가 없기 때문에 신선한 아이디어가 나오게 된다. 이 용지를 활용해 혼자 아이디어를 내는 것도 가능하다. 아침 기상 후 5분간 3개의 아이디어를 낸다. 그 후 3시간마다 역시 5분간 2개의 칸에 3개의 아이디어를 내고 그날 안으로 6회, 총 18개의 아이디어를 내면 된다.

● **635법칙**

남의 눈을 의식하지 않고 자신의 의견을 내는 것이 포인트. 이 경우 18개×6명으로 총 108개의 아이디어가 나온다.

■ 635법 아이디어 용지

날짜 : 20   년   월   일

장소 _____

테마 _____

	A	B	C
1			
2			
3			
4			
5			
6			

칸 수는 참가 인원이나 아이디어의 개수에 따라 바꾸면 된다.

COLUMN 04

'야콥슨 트레이닝'으로 기분을 리프레시!

휴식을 취할 때 기분을 리프레시시켜주는 효과적인 릴렉싱(초조, 긴장 등을 해소하는) 트레이닝이 바로 야콥슨 트레이닝이다. 하버드대학의 심리학자 에드먼드 야콥슨(Edmund Jacobson) 박사는 **심리적 긴장과 근육 긴장의 상관관계**에 관해서 연구하고 귀중한 사실을 많이 발견했다. 사람은 불안을 느낄 때에 근육도 호응해서 긴장을 한다. 반대로 근육의 긴장을 풀어주면 정신적인 불안도 감소한다. 야콥슨 트레이닝으로 근육의 긴장과 지압을 반복하면 근육 상태의 차이를 감지할 수 있는 것은 물론 기분까지 리프레시할 수 있다. 실시하는 방법은 다음과 같다.

① 조용한 환경에서 등받이가 있는 의자에 앉는다.

② 천천히 심호흡을 하면서 양쪽 눈을 감고 양손을 정면으로 쭉 뻗고 주먹을 쥔다. 손가락과 손에 가능한 힘을 넣어 준다. '1, 2, 3, 4…' 이렇게 10까지 수를 세어 가면서 약 10초간 근육을 긴장시킨 후 10초간 힘을 빼고 양팔을 툭 대퇴부에 내린다. 이것을 3회 반복한다.

③ 다음에 양쪽 어깨를 들어 올려 얼굴을 힘 있게 감싸고 힘을 넣어 '1, 2, 3, 4…' 이렇게 10까지 수를 세어 가면서 10초간 근육을 긴장시킨 후 10초간 힘을 빼 준다. 이것도 3회 반복한다.

④ 그다음은 양쪽 다리를 펴서 다리 전체에 힘을 주면서 긴장시키고 '1, 2, 3, 4…' 10까지 수를 세어 가면서 10초간 근육을 긴장시킨 후 10초간 힘을 빼 준다. 이것 역시 3회 반복한다. 이 요령으로 양팔 → 어깨와 얼굴 → 양쪽 다리의 순서로 3회 반복한다.

이 야콥슨 트레이닝을 공부시간 사이에 10분간 반복하면 공부의 능률이 올라가는 것을 느낄 수 있다.

05 학습속도를 극적으로 올리는 기술

5-1 '어색한 감각'으로 뇌를 활성화시켜라
5-2 뇌량이 발달하면 머리 회전이 빠르다
5-3 좌뇌와 우뇌를 연동시켜라
5-4 깍지와 팔짱으로 우위를 점하는 뇌를 판별하라
5-5 공간인지력을 높여 우뇌를 활성화하라
5-6 '비전 트레이닝'으로 정보처리 속도를 빠르게 하라
5-7 가속학습의 '핵심'을 이해하라
5-8 총점으로 승부하는 시험에서는 약한 과목을 극복하라
5-9 과거 문제집으로 80%를 습득하라
5-10 거대한 정보를 처리하는 우뇌를 단련하라
5-11 다이어트에서 배우는 효과적인 공부법
5-12 공부를 가속화시키는 환경이 중요하다

5-1 '어색한 감각'으로 뇌를 활성화시켜라

공부의 효율화를 도모하면서 고려해야 할 것은 좌뇌와 우뇌의 균형을 잘 맞추는 것이다. 뇌와 신체는 교차하고 있어서 왼쪽 반쪽은 우뇌가, 오른쪽 반쪽은 좌뇌가 컨트롤하고 있다. 일반적으로 오른손잡이는 좌뇌가 활성화되어 있을 가능성이 높다. 이것은 좌뇌를 우선적으로 사용하고 있기 때문에 우뇌의 활성화가 부족하다는 것이다.

사실 천재들에게서 볼 수 있는 공통점이 있는데 바로 천재들 중 많은 사람이 양손잡이라는 것이다. 세기의 천재로 이름이 알려진 레오나르도 다빈치는 후세에 남긴 명화를 양손으로 그렸다고 알려져 있다. 상대성이론의 아버지인 아인슈타인도 양손잡이다.

아인슈타인이 보통 사람보다도 우뇌와 좌뇌의 커뮤니케이션을 활발하게 했기 때문에 위대한 상대성이론을 탄생시켰다고도 말한다. 우뇌를 활성화시켜서 '빛의 속도로 날아가는 우주선을 탄 이미지'를 리얼하게 형상화해 가며 동시에 좌뇌로는 그 방정식을 생각했던 것이다. 공부도 같은 이치라고 말할 수 있다.

수많은 문제는 우뇌를 움직여 이미지를 생각함으로써 빠른 속도로 풀어낼 수 있다. 동시에 문자나 숫자로 교환해서 해답 용지에 기입하는 것은 표현력이 필요하기 때문에 이것을 주도하는 좌뇌의 작업도 요구된다.

양쪽 뇌를 사용하기 위해서는 구체적으로 어떻게 하면 좋을까? 보통 오른손잡이라면 왼쪽 몸의 트레이닝이 부족하다. 뇌의 활성화를 도모하기 위해서는 사용하지 않는 반대의 손을 사용해서 그 부자연스러운 감각을 즐겨 보자. 뇌 속에 사용되고 있지 않은 영역을 활성화시키기 위해서는 자주 사용하는 손이 아닌 반대쪽의 손을 적극적으로 사용하는 것이 더욱 효과적인 방법 중 하나이다.

■ 동작 난이도에 따른 오른손잡이 빈도의 차이

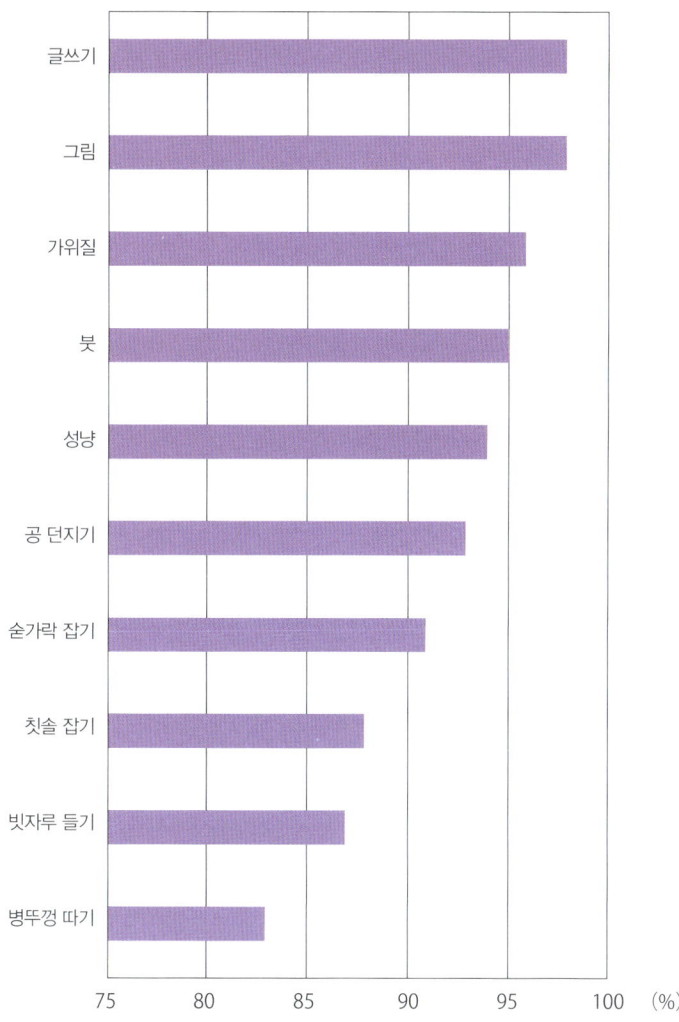

그래프는 20~21세 남성의 데이터. 문자를 쓰는 동작은 난이도가 높아서 대부분의 사람이 자주 사용하는 손(오른손)을 사용하지만, 난이도가 낮은 동작에서는 왼손도 사용하고 있다.

5-2 뇌량이 발달하면 머리 회전이 빠르다

앞에 설명했던 아인슈타인과 같이 우뇌와 좌뇌 사이의 빈번한 커뮤니케이션은 공부의 효율화를 촉진시켜 준다. 이를 위해서는 좌우의 대뇌신피질을 연결하고 있는 신경의 다발, '뇌량(의학 용어, 좌우 대뇌 반구를 연결하는 신경섬유 다발이 반구 사이의 세로 틈새 깊은 곳에 활 모양으로 밀집되어 있는 것. 동의어 뇌들보)'에 대하여 먼저 살펴보아야 한다.

뇌량은 좌뇌와 우뇌의 교량 역할로 좌우의 대뇌신피질이 정보를 교환하는 역할을 담당하고 있다. 그러므로 뇌량의 신경섬유 다발이 두꺼우면 두꺼울수록 정보 교환 능력이 뛰어나다고 말하고 있다.

사실 뇌량이 발달해서 좌우의 차이가 적은 뇌를 가지고 있는 사람의 창조성은 그렇지 않은 사람보다 우수하다고 말하는 학자의 연구 결과도 나와 있다. 예를 들어 1-5에서 소개하고 있는 하버드대학의 심리학자 하워드 가드너 박사는 "좌우 차이가 적은 뇌를 가진 사람은 이미지화 하거나 계획을 세우는 능력이 우수하다"고 주장한다. 또 오클랜드대학(뉴질랜드)의 마이클 코벌리스(Michael Corballis) 박사는 "뇌의 좌우 차이가 적은 사람은 창조력이 있고 대부분 공간을 파악하는 능력에도 뛰어나다"고 말한다.

결국 뇌는 뇌량을 통해서 좌뇌와 우뇌를 보완적으로 기능시켜 보다 높은 차원의 기능을 발휘하거나 창조성 있는 아이디어를 낼 수 있게 해 주는 것이다. 아인슈타인은 왼손잡이에 포함되어 있지만 실은 그의 뇌반구 사이의 좌우는 거의 차이가 없었다고 알려져 있다.

캐나다의 L. 갤러웨이의 연구에서는 옆의 그림에 나온 것처럼 문법 같은 언어적 기능은 좌뇌가 처리하고 표정의 인지, 행위, 음색의 모니터 같은 커뮤니케이션 기능은 우뇌가 처리한다고 한다. 좌반구의 언어적 기능으로 문법을 구사하고, 우반구의 커뮤니케이션 기능으로 상대의 표정이나 동작을 인지해서 양쪽을 융합한다. 이 같은 연구 결과를 통해 대뇌반구의 양쪽을 구사하는 학습의 중요성을 알 수 있다.

■ 좌뇌와 우뇌를 구사하는 학습의 중요성을 강조한 갤러웨이의 모델

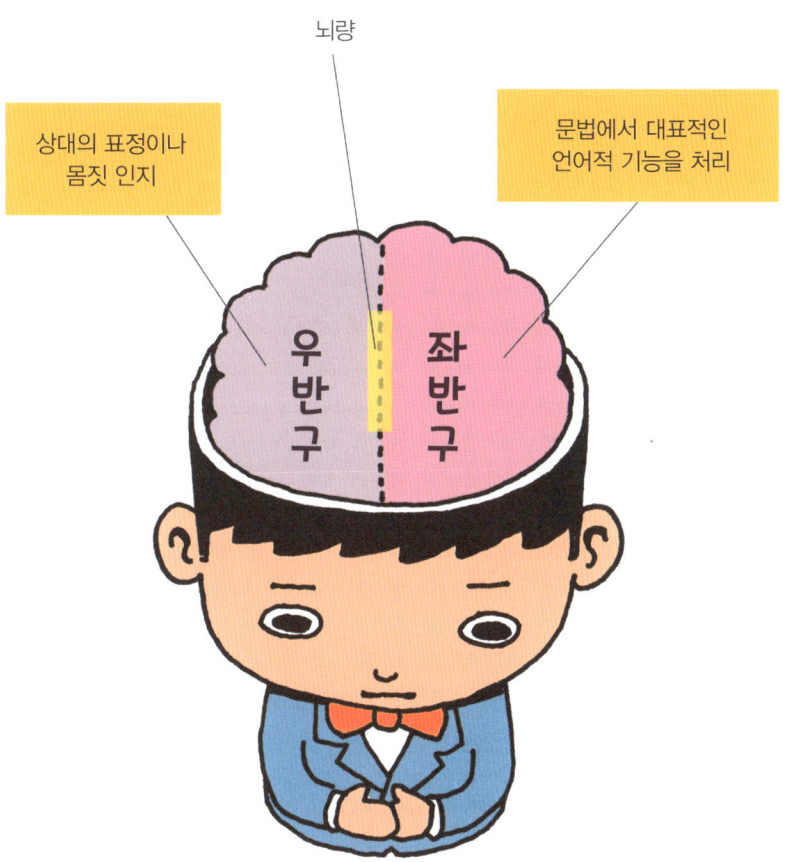

언어를 이용한 커뮤니케이션은 대뇌의 우반구와 좌반구의 양쪽을 사용하고 있다.

5-3 좌뇌와 우뇌를 연동시켜라

"미래에는 틀림없이 양쪽 뇌를 전부 사용해 전뇌 사고(모든 뇌를 사용한 사고)를 할 수 있는 사람이 등용되는 시대가 될 것입니다"라고들 하는데 사실은 이미 현재 누구든, 많은 적든, 전뇌 사고를 하고 있다. 많은 서적에서 우뇌 단독 또는 좌뇌 단독으로 작업이 가능한 것처럼 쓰여 있기도 하지만 뇌는 그렇게 단순하지 않다. 이에 관해서는 신경심리학자인 간사이복지과학대학의 학장인 핫타 다케시 박사가 이런 의문을 던지고 있다.

"현재 학교 교육의 비뚤어짐 자체를 부정하는 것은 아니지만 학교에서 가르치고 있는 수학이나 국어 등의 교과가 '좌뇌에 의존하고 있다'라는 식의 발언은 적절하지 않다. (중략) 좌뇌와 우뇌 각각의 우수한(잘하는) 움직임이 상호작용해서 공동으로 하나의 교과 학습이 성립된다고 생각하는 것이 자연스러운 것이다."
(핫타 다케시 지음, 『신장하는 육아의 뇌』, 노동경제사, 1986년)

요컨대 "좌뇌와 우뇌가 잘하는 작업을 적재적소에서 처리하는 것으로 학습이 가속된다"라고 핫타 박사는 말하고 싶은 것이다. 그것을 실현하기 위해서는 좌뇌와 우뇌의 교신을 활발하게 한 후 뇌량의 단련을 통해 대뇌반구 전체를 움직이게 하는 것이 중요하다. 내가 '전뇌 사고'를 강조하는 것은 바로 이 점 때문이다.

오른발만 사용할 수 있는 축구선수와 양쪽 발을 자유자재로 사용할 수 있는 축구선수 중 누가 더 유리한지를 말하라면 당연히 후자이다.

나는 기본적으로는 왼손잡이(테니스도 골프도)지만 글을 쓰거나 연필을 잡는 것은 오른손이다. 어릴 때 교정을 받았기 때문이다. 덕분에 중학교 때부터 오른손으로 연필, 왼손으로 지우개를 들고 선생님이 칠판에 써놓은 내용을 양손을 사용해 가면서 노트에 적었다. 오른손잡이는 지우개를 사용할 때 연필을 책상 위에 놓고 지우개를 들어 글을 지우고, 다 지우면 다시 연필을 들고 필기를 한다. 나는 그런 작업이 거의 불가능했고 답답하고 비효율적인 일이라 생각했다. 나에게는 지극히 당연했던 이 작업이 오른손잡이에게는 정말로 이상한 행동이었던 것 같다.

통상적으로 잘 사용하는 쪽의 신체 부분으로 작업하지 말고 의식적으로라도 잘 사용하지 않는 쪽을 활용해 보라. 그런 습관을 몸에 익히면 여러분의 뇌는 극적으로 활성화된다. 아래 표에서는 좌뇌형 행동과 우뇌형 행동의 대표적인 예를 들었다.

■ 좌뇌형 행동과 우뇌형 행동

좌뇌형 행동	우뇌형 행동
자격시험 공부를 한다	그림을 그린다
휴대전화나 컴퓨터 메일을 쓴다	스포츠를 즐긴다
책을 읽는다	카메라로 사진을 찍는다
수다를 떤다	도감을 본다
글을 쓴다	식사를 즐긴다
컴퓨터 검색을 한다	여행을 간다
보고서를 정리한다	꿈을 꾼다
편지를 쓴다	화초를 기른다

좌뇌와 우뇌 양쪽을 사용하는 균형 있는 생활이 뇌를 활성화시킨다.

5-4 깍지와 팔짱으로 우위를 점하는 뇌를 판별하라

    이번에는 우위를 점하는 뇌에 대해서 생각해 보자. 구 소련의 저명한 신경심리학자인 알렉산더 루리아(Alexander Luria) 박사는 깍지와 팔짱에 대응한 우위를 점하는 뇌에 관한 보고서를 발표했다. 그는 제2차 세계대전 중 좌뇌에 총탄을 맞아 실어증이 된 병사를 관찰하고 "왼쪽 엄지손가락 또는 왼쪽 팔이 위로 향하는 병사는 실어증에 잘 걸리지 않고 또 회복도 빠르다"고 보고했다.

    이것은 우위를 점하는 뇌가 우뇌인 사람의 전형적인 특징이다. 우위를 점하는 뇌 연구의 제1인자인 교토대학 명예교수 사카노 토우 박사는 저서에서 깍지, 팔짱과 우위를 점하는 뇌의 연관성을 설명하고 있다.

    이에 따르면 깍지는 입력과 종합시스템에 관련이 있고 팔짱은 계획과 출력의 시스템에 관계하고 있다고 말하며 왼쪽 손가락이나 팔이 위로 올라가는 것이 우뇌형, 오른쪽 손가락이나 팔이 위로 향하는 것이 좌뇌형이라고 정의하고 있다. 그리고 우뇌는 신경 네트워크가 느슨한(확산적), 좌뇌는 신경 네트워크가 팽팽한(수납적) 특성을 가지고 있다. 또한 깍지는 대뇌반구의 뒷부분을 상징하고, 팔짱은 전두엽의 대부분을 차지하고 있는 전두전야가 포함되어 있는 대뇌반구의 앞부분을 상징한다는 차이가 있다. 더욱이 화상(그림)은 상대적으로 자유도가 높지만 언어는 자유도가 없다라고 말한다.

    책상으로 비유하자면 우뇌형 인간은 책상이 어질러져 있어도 무심한 편이지만 좌뇌형 인간은 잘 정리되어 있지 않으면 참을 수 없다라는 이야기가 된다. 나의 경우 깍지는 오른쪽이 위에 위치하기 때문에 계획과 출력의 시스템은 우뇌형이다.

아래 표는 사카노 박사가 실시한 실험의 결과를 정리한 것이다. 창조성 검사를 언어 유창성과 유연성으로 실시한 결과 루리아 박사가 제창한 이론과 일치했다고 주장하고 있다.

깍지와 팔짱

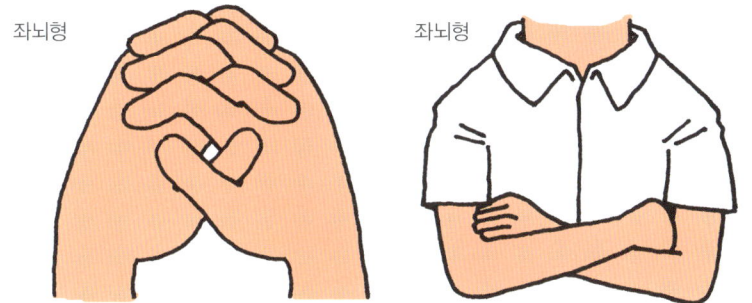

좌뇌형   좌뇌형

아무 신경도 쓰지 않은 상태에서 자신이나 타인의 우위를 점하는 뇌를 판단할 수 있다. 단 깍지와 팔짱을 의식적으로 바꾸는 것은 의미가 없다.

■ 깍지와 팔짱에 대응한 우위를 점하는 뇌의 타입

	깍지 타입		팔짱 타입	
	좌상	우상	좌상	우상
우위를 점하는 뇌	우뇌형	좌뇌형	우뇌형	좌뇌형
우위를 점하는 뇌의 작동 원리	느슨한	팽팽한	느슨한	팽팽한
인지 스타일의 작동 원리	남 : 자유적인 여 : 비언어, 지각적	남 : 결정되었다 여 : 언어적	남 : 자유적인 여 : 비언어, 지각적	남 : 결정되었다 여 : 언어적
대응 부위	입력과 종합시스템		계획과 출력시스템	

왼손이나 왼쪽 팔이 위로 오는 사람은 우뇌형, 반대가 좌뇌형의 경향이 있음.
(출전 : 사카노 토우 지음, 『작은 행동으로 알 수 있는 당신의 우위 뇌』, 일본실업출판사. 1998년, 일부 개정)

공간인지력을 높여 우뇌를 활성화하라

　우뇌의 기능을 향상시키고 싶다면 공간인지능력을 높이면 된다. 공간인지능력이란 3차원 공간에 있는 물체의 크기나 방향, 형태 등을 정확히 인지하는 능력이다. 이 공간인지능력과 깊은 관계가 있는 것이 테스토스테론이라는 신경 화학 물질이다. 테스토스테론은 여성보다도 남성에게 많이 분비된다고 알려져 있다. 공간인지능력을 필요로 하는 파일럿이나 외과의사 등의 직업에 여성보다 남성이 압도적으로 많은 것은 이 때문이라고 말하고 있다.

　더욱이 최근에는 테스토스테론과 의지와 바이탤리티(활동력)의 관계가 밝혀지고 있다. 조지아주립대학의 제임스 뎁스 교수가 다양한 직종의 남성의 타액을 채취해서 테스토스테론의 양을 분석한 흥미 있는 사실을 밝혀냈다. 유능한 변호사나 세일즈맨의 테스토스테론의 양은 그렇지 않은 변호사나 세일즈맨보다도 그 양이 훨씬 많았다고 한다.

　뿐만 아니라 동일 인물의 테스토스테론의 양에 관해서도 흥미 있는 결과가 나왔다. 업적이 올라갔을 때는 테스토스테론의 양이 증가하고 테스토스테론의 양이 적을 때에는 성과가 올라가지 않은 것이다. 즉, 테스토스테론의 양이 많은 사람은 두뇌를 고도로 구사하는 직종에서 업적을 높일 가능성이 있다는 것이 판명되었다.

　평상시 습관을 통해 다음 페이지에 있는 공간인지능력을 높이는 행동을 적극적으로 취하면서 테스토스테론의 분비량을 증가시켜 보자. 그것만으로도 우뇌가 활성화되어 공부의 효율화 등에 많은 도움을 받을 수 있다.

공간인지능력을 높이는 행동

① 구기 종목을 즐기자

② 지도 없이 모르는 길을 걷자

③ 캐치볼을 하자

④ 죽방울로 놀자

⑤ 리프팅을 즐기자

⑥ 공놀이 습관을 갖자

⑦ 주차의 달인이 되자

⑧ 다트를 즐기자

위의 행동을 통해 의욕의 원천이 되는 테스토스테론 분비량을 늘린다.

5-6 '비전 트레이닝'으로 정보처리 속도를 빠르게 하라

　공부는 시간과의 싸움이다. 여기서 의외로 간과하고 있는 것이 정보처리 속도이다. 많은 사람들이 단순히 시간을 들인 것만으로 "오늘 공부는 충실히 했다"라고 생각해 버린다. 여기서 잠시만 고민해 보자. 중요한 것은 공부한 시간이 아닌 실질적인 공부의 밀도이다.

　공부에서 비전 트레이닝은 과소평가되어 있는 요소 중 하나이다. 아마도 여러분은 정보처리 속도에 있어서 가지고 있는 잠재능력의 대략 20~30% 정도만 발휘하고 있을 것이다. 왜 정보처리 속도가 올라가지 않는 것일까? 이는 뇌의 입구에 있는 눈에 대한 트레이닝이 부족하기 때문이다. 비전 트레이닝을 유지하기 위해서는 끈기가 필요하다. 또한 트레이닝을 하면서 그 효과가 확인되기까지는 적어도 몇 주에서 때에 따라 수개월도 걸린다. 이것이 도중에 좌절하는 커다란 요인이다.

　이 책에서는 독서나 공부를 하면서 '보는 기능'을 높여 독서하는 속도를 올리는 방법을 설명한다. 이것이라면 간단하게 유지할 수 있다. 우선 한 권의 소설책과 스톱워치를 준비한다. 처음에는 여러분이 통상적으로 독서하는 속도로 1페이지를 읽어 보라. 그때 1페이지를 다 읽는 데 필요한 시간을 스톱워치로 계측한다. 다음에 계측한 독서시간을 20~30% 단축할 수 있는 속도로 손가락을 바로 앞 문자의 옆으로 이동해 가면서 더 빠른 속도로 읽어 나가자. 실제로 스톱워치로 1페이지를 다 읽는 시간을 계측한다.

　그렇게 하면 간단하게 독서하는 속도가 올라가는 것을 느끼게 될 것이다. 이 방법으로 독서하는 시간을 20~30% 정도 줄일 수 있다.

통근 지하철의 창밖을 보면서 밖의 모습이나 다양한 간판의 문자 등에 집중하면 안구를 움직이는 트레이닝이 된다.

● 전철 안에서 비전 트레이닝

안구를 움직여 근육을 단련시키면 독서하는 속도를 올릴 수 있고 다룰 수 있는 정보량을 쉽게 늘릴 수 있다. 이 트레이닝을 일상생활 속에서도 활용해 보자. 예를 들어 매일 통근 전철 안에서도 비전 트레이닝이 가능하다. 전철 안에서 밖에 보이는 간단한 정보를 단지 읽는 것만으로도 안구를 움직이는 근육 트레이닝이 되기 때문이다.

전철에 앉아 있을 때 눈앞에 서 있는 사람이 아무 생각 없이 밖의 경치를 바라보고 있다면 그 사람의 안구 움직임을 주목해 보라. 아마도 안구를 관찰하면 눈이 좌우로 바쁘게 계속 움직이고 있다는 것을 알 수 있을 것이다. 우리들은 무의식적으로 그런 안구 운동을 이미 하고 있다.

물론 멀리 있는 정보보다 가까이 있는 정보를 캐치하는 것이 안구를 보다 빠르게 움직이도록 추진시켜 주기 때문에 추천할 만한 안구 트레이닝이라고 할 수 있다.

따라서 전철 안에 붙어 있는 광고의 정보를 카메라로 촬영하는 것처럼 '찰칵' 하고 일순간에 수집하는 습관을 들이는 것도 정보처리 속도를 높이는 데 도움이 된다. 예를 들어 1~2초간 붙어 있는 광고를 본 후 눈을 감고 어떤 정보가 존재했는지 자문자답하는 것만으로도 충분하다.

'패션 잡지 모델의 머리 형태는?'
'신차 광고의 자동차는 무슨 색? 어떤 형태?'
'부동산 광고의 아파트는 몇 층 건물?'

자문자답한 후에 다시 그 광고를 보고 답이 맞았는지 확인하자. 정보를 들여보낼 때에 눈을 '카메라의 렌즈'로 생각하고 순간의 정보를 뇌에 입력하여 기억하겠다는 감각으로 정보를 빠르게 수집하는 습관을 몸에 익히면 잡지나 신문에 있는 정보의 수집 능력이 비약적으로 향상되는 것을 느낄 수 있을 것이다.

카메라로 사진을 촬영하듯이 지하철의 광고를 바라보는 순간을 기억하는 트레이닝을 하면 뇌의 정보처리 속도를 높일 수 있다.

5-7 가속학습의 '핵심'을 이해하라

계속 반복해서 강조하고 있는데 공부는 시간과의 싸움이다. 정해진 시간에 효율적인 공부를 하는 것이야말로 꿈을 성취할 수 있는 중요한 요소이다.

뒤의 6장에서 설명하게 될 철저하게 집중력을 올리는 것도 중요하지만 여기서는 가속학습법의 핵심에 관해서 살펴보자. 9-1에서도 나오겠지만 뇌라는 장기는 본래 문자로 학습하는 것보다도 이미지로 학습하는 것이 자연스럽다. 문자를 잘 다루는 것은 지금 시대의 사람뿐이다. 그 역사는 대략 수천 년 정도로 사람이 최근에야 몸에 익힌 능력이라 말할 수 있다.

사람에 한정하지 않고 설명하면 많은 동물은 시각으로 먹이를 인식해서 포획하는 능력을 가지고 있다. 이 능력에 있어서는 사람보다도 우수한 동물을 헤아릴 수도 없을 정도이다.

우리는 문자를 그대로 인식해서 물건을 이해하는 것뿐만 아니라 뇌 속에서 그 문자를 의미하는 이미지로 변환한 후 그 언어가 가지고 있는 의미를 이해하는 과정을 거친다. 즉 문자보다도 이미지로 이해하는 것이 뇌의 기능을 고려할 때 더 자연스럽고 효율적이다.

위스콘신대학의 조사에서 어린이들이 단어를 배울 때에 언어에 영상을 조합하면 기억의 보존율이 2배까지 올라간다는 사실이 판명되었다. 예를 들어 'automobile(자동차)'이라는 영어 단어만이 아니라 자동차의 이미지를 그 언어와 함께 그리게 함으로써 명확하게 기억이 정착했던 것이다.

프랑시스코 자비엘(Fransisco Xavier)이나 세종대왕은 역사상 유명한 인물이지만 여러분은 문자뿐 아니라 그 초상화도 기억하고 있을 것이다. 만약 초상화가 없었다면 기억에 정착시키기 위해서 보다 많은 에너지가 필요했을 것이다.

시험에서 정답을 내는 것은 이미지가 아닌 문자이지만 어디까지나 이미지가 기억할 때 주된 역할을 하며, 언어는 조역에 지나지 않다는 것을 명심하자. 이것이야말로 뇌 과학에 적합한 학습법이다. 최근에는 사전이나 많은 참고서가 이미지와 함께 DVD-ROM으로 나와 있으므로 문자와 이미지를 세트로 참조하도록 하자.

개체로는 외우기 어려운 단어(구동사)일수록 효과적이다.
참고 : iKnow! [목표 스코어별 TOEIC 어려운 영단어, 숙어 탑 20](http://iknow.jp)

5-8 총점으로 승부하는 시험에서는 약한 과목을 극복하라

　말콤 글래드웰(Malcolm Gladwell)은 자신의 저서 『천재! 성공하는 사람들의 법칙』(고단샤, 2009년)에서 "1만 시간 동안 그 테마에 몰두하면 그 분야의 천재가 된다"라고 주장하고 있다.

　비즈니스맨의 경우 1일 10시간 일한다고 가정한다면 이는 1,000일에 해당한다. 연간 250일간 일하고 있다면 4년간 오로지 일에만 전념해야 달인의 영역에 도달할 수 있는 것이다.

　공부에서는 그 정도의 시간적 여유가 없다. 총점이 중요한 자격시험이나 수험공부 등의 경우 1과목만 통과할 수 있는 점수를 획득해서는 합격이 어렵다. 어떻게 하면 총점을 늘릴 수 있을까가 공부의 큰 목적이 된다.

　자격시험이나 수험에 있어서는 잘하는 과목뿐만 아니라 못하는 과목에도 시간을 할애해야 한다. 왜냐하면 어렵게 느껴지는 과목이 총점을 올리기 위한 시간적 효율이 높기 때문이다.

　예를 들어 수학의 평균점은 100점 만점에 90점, 국어는 40점으로 수학을 잘하고 국어를 못하는 사람이 있다고 하자. 이 사람은 아무리 공부를 해도 수학 점수를 10점 이상 올리는 것은 불가능하다. 한편, 국어에서 늘릴 수 있는 점수는 60점이 있다. 실제로 공부하기 나름이지만 간단히 70점 정도까지는 성적을 올릴 수 있을 것이다.

　수험공부나 자격시험 등과 같은 경우는 자신이 잘하는 과목을 늘리는 것보다도 못하는 과목의 극복이 합격의 열쇠다. 총점으로 경쟁하는 시험에서는 일주일 공부할 동안 못하는 과목에 많은 시간을 할애하자. 대부분의 경우 약한 과목은 그 과목에 재능이 없는 것이 아니라 단순히 좋고 싫음이 화를 초래하는 경우가 많다. 당연히 그 과목에 할애하는 시간이 줄기 때문에 성적이 올라가지 않는 것이다.

싫어하는 과목을 극복하기 위해서는 그 공부 자체가 재미가 없더라도 강력한 목표설정과 목표달성의 이미지를 확실하게 그리는 것이 중요하다. 그것을 통해서 약한 과목의 극복이 가능하다.

몇 개 과목의 총점으로 각각 상한(만점)이 결정되어 있는 시험의 경우는 현실적으로 약한 과목의 득점을 올리는 공부가 합리적이다.

5-9 과거 문제집으로 80%를 습득하라

파레토 법칙을 아는가? 이탈리아의 경제학자 빌프레도 파레토(Vilfredo Pareto)는 80-20의 법칙을 제창했다. 파레토는 "사회현상은 평균적으로 분산하는 것이 아닌 편차가 있기 때문에 주요한 20%가 전체의 80%에 영향을 주고 있다"라고 주장했다. 예를 들어 보자.

- 상품의 매출 80%는 20%의 주요 상품이 점유하고 있다.
- 차의 고장 80%는 고장이 많은 20%의 부품에 의해 점유되고 있다.
- 이혼의 80%는 이혼 경험이 많은 20%의 사람에 의해 점유되고 있다.
- 상품 매출 80%는 전체 고객의 20%가 만들어내고 있다.
- 일의 성과 80%는 그것에 쏟은 20%의 업무 시간으로 만들어내고 있다.

이것을 공부에 적용시키면 어떻게 될까? 중요성이 높은 과목부터 우선순위를 매겨서 상위 20%의 문제점을 철저하게 공부하면 80%의 성과를 얻을 수 있다는 계산이 나온다.

즉 입시나 자격시험 등에서는 철저한 과거 문제의 분석이 정말 중요하다. 반대로 중요하지 않은 부분의 80%는 전체 성과의 20%밖에 되지 않는다. 따라서 무턱대고 공부하면 시간이 많아도 부족한 사태를 맞게 된다.

과거 문제는 효율적인 공부를 실현해 줄 '바이블'이며 과거 문제의 경향과 대책이야말로 효율적인 공부의 생명선이다. 출제될 시험문제를 사전에 알 수는 없지만 과거 문제의 경향과 대책으로 꽤 정밀한 시뮬레이션은 가능하다. 어느 시대에서나 통용되는 왕도이다.

과거의 문제를 푸는 공부방법은 효율이 좋다. 어떤 시험이든 과거의 문제가 있는 경우는 반드시 그것을 풀어 볼 것.

거대한 정보를 처리하는 우뇌를 단련하라

1장에서도 설명했듯이 하부 요시하루라는 장기 기사는 우뇌로 장기를 두고 있다. 일본의과대학의 고노 키미코 선생에 의하면 하부 기사는 우뇌의 시각령(시각 영역이라고도 함. 대뇌 겉질의 뒤통수엽에서 시각에 관여하는 부분)이 특히 우수하다고 한다. 어느 날 하부 기사는 자신이 둔 수에 관해서 이렇게 말했다.

"(저는) 통상 30~40수 앞까지, 즉 갈라져 나간 수까지 포함해서 300~400수를 읽습니다"

하부 기사는 한 수마다 우뇌를 활용해서 아주 많은 비슷한 패턴의 방법의 수 중에서 순식간에 취사선택하는 재능을 가지고 있는 것이다. 300~400수 중에서 순간적으로 최적의 수를 읽는 것은 문자 사고의 좌뇌로는 전혀 불가능하고 화상 사고가 가능한 우뇌의 독무대이다.

한 장의 그림에는 문자로 환산하면 수만 개의 언어에 상당하는 정보가 포함되어 있다고 한다. 하부 기사의 뇌 속에서는 우뇌의 시각령을 최대한으로 움직여서 엄청나게 많은 방법의 수가 서로 교차하고 있을 것이다.

장기의 국면(반면의 형세를 이르는 말)의 수는 10에 220승, 바둑은 무려 10에 360승의 국면이 있다고 한다. 각 국면에서 가장 좋은 수를 끄집어내는 능력은 좌뇌가 아닌 우뇌의 시각령에 맡기지 않고는 불가능하다.

이것은 공부에서도 그대로 통용된다. 참고서뿐만 아니라 신문이나 잡지를 읽을 때 1행씩 눈으로 읽어서는 아무리 많은 시간이 있어도 부족하다. 지면 전체를 살펴보고 우뇌의 시각령을 활용해 중요한 부분을 빠르게 뇌에서 찾아내는 것이 중요하다.

거대한 정보량으로 보인다 해도 우선 전체를 내려다보는 것이 중요. 사전에 수록되어 있는 단어를 A부터 외우는 흉내는 안 내는 것이 좋다.

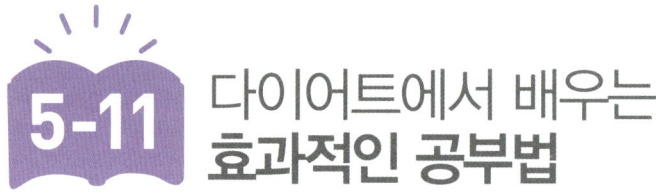

5-11 다이어트에서 배우는 효과적인 공부법

다이어트는 공부와 상당히 비슷하다. 식사 제한과 같이 별로 즐겁지 않은 작업을 지속하지 않으면 목표를 달성할 수 없다. 처음에는 순조롭게 진행되어 어느 정도 체중을 줄일 수 있어도 잠깐 방심하면 바로 되돌아와 다이어트는 실패하고 만다.

실은 어떠한 다이어트 방법이라도 최초 1~3주로 한정하면 대부분의 사람이 성공한다. 그러나 반드시 몇 주~2개월 후에 정체가 찾아온다. 이 기간 중에 90% 이상의 사람이 다이어트를 그만둔다고 한다. 즉 다이어트 실패는 '빠지지 않는 것'이 아닌 '지속하지 못하는 것'이다.

공부도 다이어트와 마찬가지로 단기간 열심히 하면 일시적으로 성적이 올라갈지는 모르겠지만 조금만 방심하면 바로 되돌아가고 만다. 공부에서 성과를 내기 위해서는 지속력이 없으면 이루어낼 수 없다.

나는 다이어트 방법에서 구체적인 힌트를 얻어서 공부를 지속시키는 방법을 개발했다.

주간 누적 공부시간과 월간 누적 공부시간, 최종적으로는 연간 누적 공부시간의 목표를 설정하고 그 목표를 달성하는 것을 지향한다. 그것뿐만 아니라 자신이 실시한 공부의 내용을 가능한 자세하게 숫자를 섞어서 공부노트(9장 참조)에 기입하도록 하자. 물론 과거의 문제나 모의 시험의 현재 상황의 성적도 누락 없이 기입하고 매일 공부한 누적시간도 기입한다. 사람의 뇌는 확인을 통해 정한 목표를 달성하기 위해 무의식적으로 전력을 다하게 된다.

다이어트를 할 때 먹은 음식을 매일 전부 기록해 두면 "오늘은 당분이 많았구나…, 탄수화물이 많았구나…" 등도 확인 가능하므로 자연적으로 살이 덜 찌는 음식을 고르게 된다. 이와 같이 자신의 공부 내용을 적어 가면 불필요한 공부를 줄이거나 부족한 공부를 메뉴에 추가할 수 있다.

여러분이 해야 할 것은 공부 내용을 하루하루 자세하게 기입하는 것과 누적 공부시간을 기입하는 것뿐이다. 이 작업을 끈기 있게 유지하자. 이것이 가능하게 되면 여러분의 공부 성과는 몰라보게 향상될 것이다.

누적 공부시간의 목표치와 현재의 값, 실시한 공부의 내용, 현재의 성적 등을 숫자와 함께 기록하면 무의식적으로 "달성해야지"라는 입력이 가해진다.

공부를 가속화시키는 환경이 중요하다

긴 동물의 역사 중에서 뇌의 활성화는 그 생태에서 보이기 시작한다. 우선 뇌는 공복감을 기억했을 때 배가 만복상태일 때보다도 활성화된다. 아주 옛날부터 인류뿐만 아니라 모든 동물은 공복감을 느끼면 "어떻게 하든 먹이를 획득하자"는 다양한 사고가 뇌 속을 맴돌고 있었을 것이다. 그것이 먹이를 획득하는 데 공헌하기 때문이다.

공복이 사라지고 배가 가득하면 우선 목적을 끝낸 뇌는 그 활성도가 저하된다. 즉 식사 후보다도 식사 전이 공부에는 적절한 환경이다.

또한 운동을 할 때가 책상 앞에서 끙끙 신음소리 내면서 공부하고 있을 때보다도 뇌가 활성화되어 있다. 다만 운동 중에 공부한다는 것은 그렇게 간단한 일은 아니다.

나의 경우 운동 중에 참신하고 번뜩이는 생각이 떠오른다는 것을 경험을 통해 발견했다. 그래서 매일 습관처럼 저녁에 1시간 동안 달리기를 할 때마다 트레이너의 포켓 안에 메모지와 필기도구를 항상 지니면서 아이디어를 적을 수 있도록 하고 있다.

물론 집을 나서기 전에 미리 테마를 정하고 운동을 시작한다. 그렇게 하면 달리고 있을 때 뇌 속에서 그 테마에 적합한 아이디어가 조금씩 나오기 때문이다.

위와 같은 행동은 공부에도 응용이 가능하다. 달리기 시간을 확보해서 적극적으로 중요한 테마를 뽑거나 이후 스케줄링에 관하여 아이디어를 내는 시간에 맞추어 주자. 놀라울 정도로 귀중한 아이디어가 점점 더 떠오르는 것을 느낄 수 있을 것이다.

물론 운동을 통한 스트레스 해소 효과도 무시할 수 없다. 혼자 방에 틀어박혀서 장시간 공부를 하고 있으면 점차 스트레스가 쌓여 간다. 운동을 함으로써 기분전환 효과도 기대할 수 있다.

해마에는 장소 뉴런(특정 장소에 갔을 때에만 발화하는 장소의 인지세포)이라는 영역이 있다고 판명되었으며 이동하는 것만으로도 공부에 아주 좋은 세타파가 나온다고 한다. 자동차나 버스 등 탈 것의 흔들림에도 세타파가 출력된다. 통근 지하철의 흔들림이 졸음을 더욱 가속시키는 것이 그 증거 중 하나이다. 통근 지하철 안에서 공부하는 것은 뇌 과학적으로는 아주 좋은 환경이다. 하루 중에 운동하는 시간을 확보하고 아이디어를 내는 일에 전력하자.

세타파가 나오기 쉬운 환경에 자신을 노출시키면 효율성이 높아진다.

COLUMN 05

'시간관리 체크 용지'를 활용합시다

나는 **시간관리 체크 용지**를 활용해서 공부의 효율성을 높이고 있다. 일주일에 한 번 정도 다음의 내용을 복사해서 질문에 답변을 해 보자. 답을 다 적은 후 합계 점수를 내서 자신의 시간관리 레벨을 체크해 보자(평가는 148페이지에).

● 시간관리 체크 용지

	아래의 15개 문항에 답을 해 보자. '예'와 '아니오' 사이의 단계가 5단계 있다. 적정한 단계의 수에 'O'를 표시하자.	예 ←			→ 아니오	
1	나는 일찍 자고 일찍 일어난다.	5	4	3	2	1
2	자신의 시간을 확실하게 공부에 활용한다.	5	4	3	2	1
3	항상 우선순위를 정해서 공부하고 있다.	5	4	3	2	1
4	여유를 가지고 스케줄링을 하고 있다.	5	4	3	2	1
5	정리정돈에 자신이 있다.	5	4	3	2	1
6	항상 목표를 명확히 하며 공부를 하고 있다.	5	4	3	2	1
7	시계를 자주 보는 습관을 가지고 있다.	5	4	3	2	1
8	아침 시간을 중요시하고 있다.	5	4	3	2	1
9	어떠한 일이든 기간을 설정해서 작업하는 습관이 몸에 배어 있다.	5	4	3	2	1
10	자신의 시간을 소중히 하고 있다.	5	4	3	2	1
11	남의 유혹에 그다지 넘어가지 않는다.	5	4	3	2	1
12	신문이나 잡지의 정보처리 능력에는 자신이 있다.	5	4	3	2	1
13	메모지와 필기도구를 항상 가지고 다닌다.	5	4	3	2	1
14	나는 시간관리의 달인이다.	5	4	3	2	1
15	물리적 시간보다도 효율성을 우선시하고 있다.	5	4	3	2	1

06 집중력을 손에 넣는 기술

6-1 뇌가 집중력을 발휘하는 메커니즘을 알자
6-2 4개 레벨의 집중력을 구분해 사용하라
6-3 집중력의 '초두효과'와 '종말효과'를 활용하라
6-4 스트롭 테스트로 집중력을 올려라
6-5 명상의 기술로 릴렉스하라
6-6 집중하기 쉬운 자투리 시간을 놓치지 말자
6-7 멘탈·터프니스 논리를 공부에 도입하라
6-8 공부를 성공으로 이끄는 '회복력'을 발휘하라

6-1 뇌가 집중력을 발휘하는 메커니즘을 알자

공부에서 빠질 수 없는 것 중 하나가 집중력이다. 자세한 것은 나의 졸작인 『숙달의 기술』도 읽어주시면 좋겠는데 공부할 때 얼마나 더 집중력을 발휘하는가가 공부의 효율화에 크게 관여한다는 내용이다.

그럼 뇌 과학적으로 '집중이란 무엇인가'에 관해 생각해 보자. 키워드는 '욕구', '좋고 나쁨', '의지'이다. '살고 싶다'라는 욕구는 정말 원시적인 뇌간이라는 뇌의 영역에서 컨트롤되고 있다. 즉 생명은 생리적인 생명유지 장치에 의해 컨트롤되고 있기 때문에 욕망과는 조금 다르다. '살고 싶다'라기보다 우리들은 '살게 되어 있다'인 것이다.

생명유지 위에 위치하는 것이 시상하부가 컨트롤하고 있은 '욕망의 뇌'다. 시상하부는 중량이 단지 5그램밖에 되지 않는 엄지손가락 끝부분 정도의 작은 뇌인데 사람 뇌의 중심에 있어서 식욕, 성욕 등의 중추이기도 하다. 자율신경의 중추가 있는 시상하부는 동시에 체내의 항상성을 자동 조절해서 억압성의 부교감신경, 행동성의 교감신경, 체온조절 등을 컨트롤하고 있다. 즉 살기 위한 중요한 욕망의 감정을 상위에 있는 대뇌에 전달하는 것뿐만 아니라 식욕이나 성욕 등 원시적인 욕망을 의지로 바꾸어 행동을 발휘하게 하는 기능을 가지고 있다.

교감신경이 비정상적으로 활동하고 긴장 상태가 되면 효율성이 높은 학습을 할 수 없다. 그럴 때는 부교감신경을 활발하게 해서 편안한 상태로 가져가는 것이 핵심이다. 자신의 각성 레벨을 최적인 상황으로 끌어 올리는 것도 중요하다.

신체의 조정 작용을 담당하는 시상하부의 위에 위치하는 것이 '좋고 싫은 뇌'인 편도핵이다. 집중력은 좋고 나쁨으로 크게 좌우된다. 좋아하는 과목에서는 집중력이 발휘되는데 싫어하는 과목에서는 집중력이 잘 발휘되지 않은 적이 있을 것이다. '좋아하는 영어는 3시간 계속해서 공부해도 빠르게 시간이 흐르는데 싫어하는 물리는 10분이 1시간 같이 느껴진다'는 것도 편도핵이 지배하고 있기 때문이다.

그리고 그 상위에 위치하는 것이 '의지의 뇌'인 측좌핵이다. 측좌핵은 편도핵과 전두부결합피질(Frontal association cortex)의 중간에 있고 편도핵이 '좋다!'라는 지시를 받으면, 최종적인 행동을 컨트롤하는 전두부결합피질에 '의지'를 전달한다.

최종적으로 행동을 할 것인가 안 할 것인가를 결정하는 전두부결합피질은 지금까지 이야기해 온 다양한 장기로부터의 메시지를 종합적으로 판단해서 행동을 지시하는 사인을 내게 된다.

의지의 메커니즘

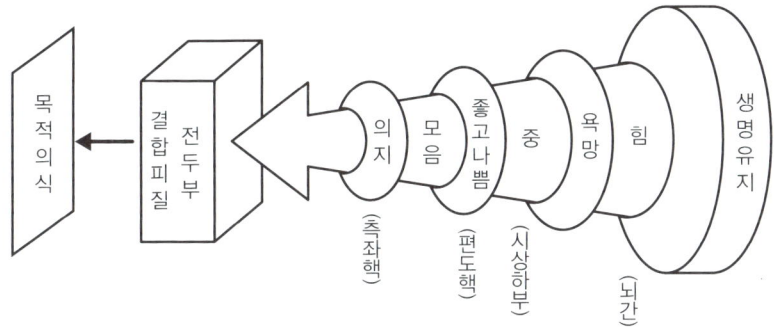

편도핵으로부터 '좋다'라는 지시를 측좌핵이 받으면 의지를 전두부결합피질에 전달한다. 서투른 의식을 갖지 않는 것이 중요하다.
(출전 : 오오키 코우스케 지음, 『의지를 만드는 뇌 과학』, 고단샤, 1993년)

6-2 4개 레벨의 집중력을 구분해 사용하라

여러분은 공부할 때 최고 레벨의 집중력을 발휘해야 한다고 생각하고 있을 것이다. 수많은 공부 관련 서적에서도 높은 레벨의 집중력 발휘의 중요성을 설명하고 있다. 그러나 장시간을 공부하면서 항상 높은 레벨의 집중력을 발휘하는 것은 거의 불가능하다.

집중력도 근육과 같아서 너무 많이 사용하면 피로하다. 이 책에서 강조하는 4개 레벨의 집중력(옆의 그림 참조)을 이해하고, 그 상황에 맞게 잘 사용하는 것이 중요하다. 그 내용은 다음과 같다.

① 단순한 주의 집중(레벨 1)

가장 하위의 레벨. 예를 들어 자동차를 운전하고 있을 때 신호가 '빨간색인지, 녹색인지'를 구분하는 것이 여기에 해당한다.

② 흥미에 따른 주의 집중(레벨 2)

단순한 주의 집중보다도 상위의 집중 레벨. 교차점에 접어들어 신호가 녹색에서 주황색으로 변할 때 '정지할 것인가, 진행할 것인가'의 결단을 내리는 것이 여기에 해당한다.

③ 마음을 빼앗기는 주의 집중(레벨 3)

흥미가 동반된 주의 집중보다도 상위의 집중 레벨. 사람이 많이 지나다니는 상점가를 자동차로 빠져나가려는 운전이 여기에 해당한다.

④ 무아몽중(레벨 4)

최상위의 집중 레벨. 마치 꿈속처럼 자신도 모르게 하는 행동. 자동차 운전 중에 돌연 어린이가 도로에 뛰어들었을 때 발휘되는 주의 집중이다.

이 4종류의 집중력을 잘 구분해서 사용하자. 통상 최상위의 집중력을 발휘하려고 할 때 단시간에 집중력 에너지를 사용해 버리면 그 후에는 높은 레벨의 집중력은 발휘할 수 없게 된다.

예를 들어 단순히 교과서를 읽을 때는 레벨 1, 시험에 나올 가능성이 높은 곳을 숙독하고 있을 경우에는 레벨 2의 집중력을 발휘하자. 그리고 영어 듣기 공부를 하고 있을 때는 레벨 3, 제한시간을 정하고 과거 문제를 풀 때는 레벨 4의 집중력을 발휘해 보자.

반드시 이 4단계의 집중력 레벨을 이해한 후 공부시간 전체를 파악해 보면서 투입할 집중력을 잘 구분하여 사용하자.

■ 주의 집중의 4개 레벨

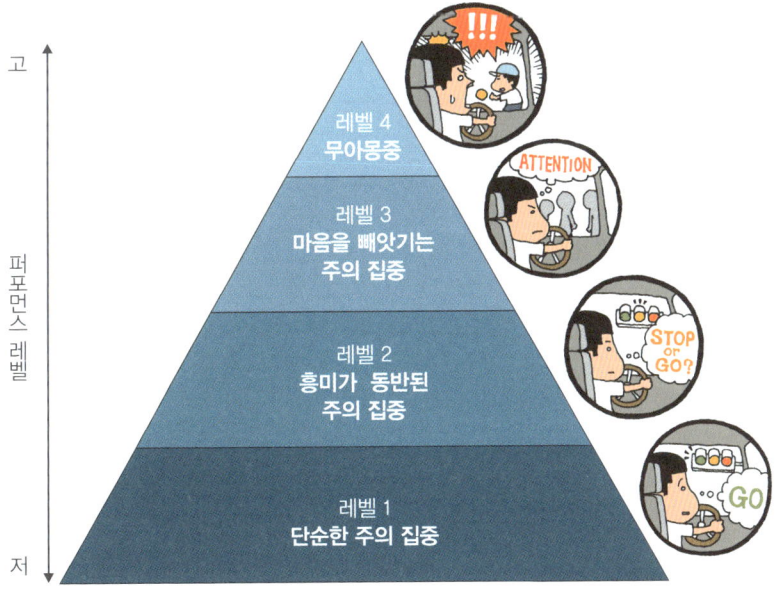

집중력은 유한하다. 적절한 레벨의 집중력을 상황에 맞게 구분해서 사용하자.

6-3 집중력의 '초두효과'와 '종말효과'를 활용하라

　주어진 공부시간 안에 더욱 집중력을 높여 '얼마나 효율성 있게 공부하는가'는 공부의 성과가 걸려 있는 중요한 테마다.

　우선 초두효과와 종말효과라는 심리학 법칙에 따른 공부법을 확립하자. 이는 어떤 일을 하든 최초와 최후에 집중 레벨이 높아진다라는 법칙이다. 장시간 지속하는 공부에서는 전혀 집중력이 올라가지 않고 중간에 멍해지는 시간이 생기게 된다. 이 멍해지는 시간을 가능한 줄이는 것이 공부의 효율화에 큰 영향을 준다.

　사람이 집중하는 시간은 대략 1시간 정도라고 알려져 있다. 초, 중학교의 수업이 50분인 이유는 그것 때문이다. 그러니 다음 페이지의 그림처럼 3시간 지속해서 공부하는 것이 아닌 50분 공부하면 반드시 10분간 휴식시간을 취하도록 하자.

　휴식시간에는 차를 마시거나 책상에서 떨어져서 가벼운 스트레칭 등을 통해 기분전환을 한다. 단 기분전환을 하겠다는 생각으로 휴식시간에 게임에 빠져 있으면 반대로 역효과가 나므로 주의해야 한다. 1시간마다 휴식시간을 설정하면 앞에 설명한 초두효과와 종말효과가 기대되는 시간도 3배로 올라간다. 물론 쉬지 않고 3시간 지속해서 하는 공부보다 중간에 처지는 시간도 압도적으로 줄어들게 된다.

　예를 들어 영어공부를 할 때는 집중력 레벨이 높은 최초의 15분간에 난이도 높은 곳을 공부한다. 또는 전혀 공부한 적이 없는 새로운 학습을 하는 시간에 맞춘다. 그리고 최후의 15분에는 그날 공부한 내용을 복습하도록 노력하자.

■ 초두효과와 종말효과

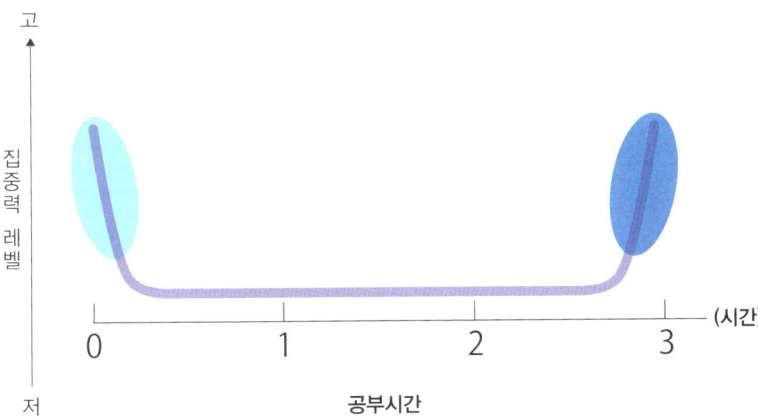

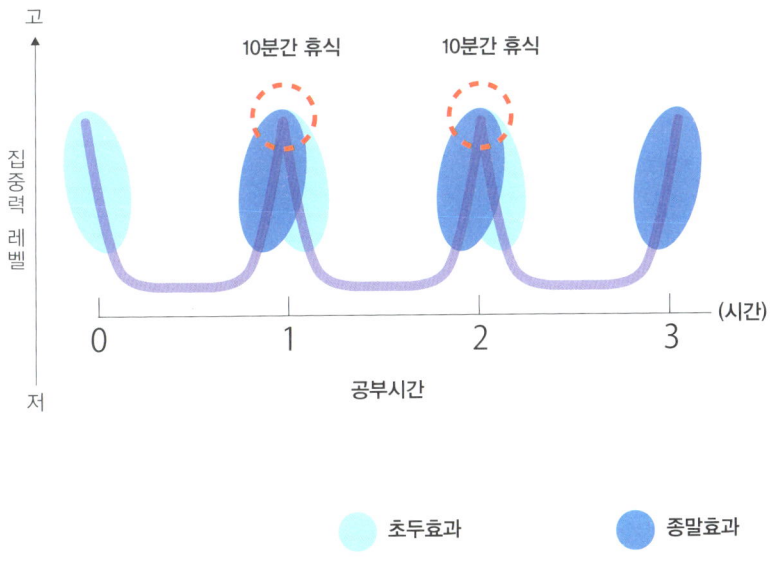

사람이 집중 가능한 시간은 한정되어 있으므로 그것을 거스르지 말고 휴식을 취하자. 그렇게 하면 집중력이 회복되어 공부의 효과가 올라간다.

6-4 스트룹 테스트로 집중력을 올려라

그렇다면 간단하게 집중력을 올릴 수 있는 트레이닝은 없을까? 집중력을 높일 수 있는 방법으로 스트룹 효과를 활용한 테스트를 추천한다. 스트룹 효과란 문자의 의미와 문자의 색과 같이 동시에 보는 2개의 정보가 교차하는 현상이다. 1935년 심리학자 존 리들리 스트룹(John Ridley Stroop)에 의해 보고되면서 그의 이름으로 불리고 있다.

예를 들어 파란 잉크로 쓴 '청'이라는 문자를 '파랑'이라고 답하는 경우보다 빨간 잉크로 쓴 '청'이라는 문자를 '파랑'이라고 답하는 경우가 시간이 더 많이 걸린다. 이것은 '잡음이 집중력을 방해한다'라는 사실을 우리들에게 알기 쉽게 가르쳐 주고 있다.

다음 페이지의 그림은 스트룹 테스트의 한 사례이다. 다른 숫자로 구성된 숫자가 열거되어 있다. 최초에는 큰 숫자를 바르게 읽는 테스트이다. 스톱워치를 준비해 모든 숫자를 읽을 때 걸리는 시간을 계측하자. 다음은 큰 숫자를 구성하고 있는 작은 숫자를 읽고 역시 모든 숫자를 읽을 때까지의 시간을 계측하도록 한다. 어느 쪽의 경우에도 통상 숫자를 읽어 내는 경우보다 시간이 더 걸린다. 내가 실시한 실험에서는 특히 작은 숫자를 읽어 낼 때가 큰 숫자를 읽어 낼 때보다 시간이 더 많이 걸린다는 결과가 나왔다.

이 소요시간이 여러분의 그날의 집중력 레벨을 알려준다. 물론 시간이 짧은 쪽이 집중력의 수준이 높아지는 것은 말할 필요도 없다. 이 스트룹 테스트를 매일 아침 실시함으로써 그날의 집중력 레벨을 알 수 있으며 이 테스트를 꾸준히 반복하면 순차적으로 집중력이 향상될 것이다.

■ 스트룹 테스트

201   년   월   일

큰 숫자를 읽을 때 걸린 시간	초
작은 숫자를 읽을 때 걸린 시간	초
합계	초

스트룹 테스트를 계속하면 집중력이 길러진다. 또 그날 몸 상태의 기준도 된다.

6-5 명상의 기술로 릴렉스하라

　나는 이제껏 수많은 탑 클래스 운동선수들의 멘탈 어카운트를 해왔는데 "집중력과 릴렉스는 상당히 궁합이 좋다"는 것을 반복해서 그들에게 설명해 왔다. 여러분이 릴렉스하고 있을 때 뇌가 정말 좋은 상태이고 공부의 효율화에도 크게 공헌한다.

　한편 걱정거리나 잡념이 있으면 릴렉스가 안 되고 집중력이 발휘되지 않는다. 그 결과 공부에 몰두하지 못하고 시간을 들인 만큼 효과가 올라가지도 않게 된다. 여기서 추천하고 싶은 것이 명상이다. 명상은 여러분의 뇌를 조정해 주는 것만이 아닌 부교감신경을 활성화해서 심신을 편안하게 해준다. 그 결과 최고의 컨디션으로 공부할 수 있는 환경을 부여한다.

　많은 공부 관련 서적에서 공부를 효율성 있게 하기 위한 노하우를 소개하지만 심신을 양호한 상태로 유지하기 위한 비결에 관해서는 그다지 다루고 있지 않다. 그러나 공부에서 성과를 올리기 위해서는 운동선수 이상으로 심신을 최고의 컨디션으로 만들어 갈 기술이 요구된다.

　여기서 간단하게 할 수 있는 명상의 의식을 소개하도록 하겠다. 2-1에서 나는 "아침 저녁 각각 30분의 공부시간을 확보하고 있다"라고 말했는데 그 전후 15분간은 명상의 시간에 맞춰져 있다. 아침의 명상은 그날의 계획, 저녁의 명상은 그날의 반성의 시간이다. 지금까지 발간된 나의 베스트셀러 서적에 들어 있는 아이디어나 멘탈 트레이닝의 메뉴 개발에 관한 힌트의 다수는 이 명상의 시간에서 나왔다.

　실천하는 방법은 간단하다. 나는 침대 위에 베개를 걸치고 명상을 한다. 침대 옆에 있는 테이블 위에 스케줄러와 공부노트(9장), 필기도구를 올려 놓고 눈을 감은 상태로 편안한 기분으로 복식 호흡을 한다. 이때 의식을 호흡에 맞추어야 한다. 호흡의 기본적인 리듬은 4초간 코로 숨을 들이쉬고 8초간 입으로 숨을 토해내는 방식이다. 그러면 뇌의 '문'이 열리고 다양한 의식이 떠오르게 된다. 만약 그때 공부에 관한 아이디어나 학습하는 방법 또는 스킬이 떠오르면 옆에 있는 노트에 기입한다.

이와 같이 아침 저녁 각각 15분간 명상의 시간을 확보하자. 그렇게 하면 공부의 효율화에 관한 귀중한 힌트가 나오게 되고 당연히 많은 도움을 받을 수 있다.

명상하면 집중력이 높아진다. 그뿐만이 아니라 아이디어도 떠오르기 쉽다.

집중하기 쉬운 자투리 시간을 놓치지 말자

　절대로 자잘한 시간을 헛되게 해서는 안 된다. 일상생활 중에는 5~10분 단위의 자투리 시간이 대단히 많이 존재한다. 그러므로 이러한 자잘한 시간을 활용해 부지런히 공부시간을 확보하도록 하자.

　만약 여러분이 영어 단어를 암기한다면 역에서 지하철이 도착할 때까지의 5분간 기다리는 시간을 활용해서 10개의 단어를 암기하려 노력해보자. 5분간 10개의 영어 단어를 암기하는 것은 생각보다 어렵지 않을 것이다.

　그 외에 병원에서의 대기 시간, 은행 창구에서 대기 순번이 오기까지의 시간, 행렬이 긴 가게 앞에서 기다리는 시간, 통근 중 지하철 안에서의 시간 등을 긁어모아서 1시간을 확보하고자 한다면 그리 어려운 일은 아닐 것이다.

　이 자잘한 자투리 시간만으로 여러분은 1일 120개의 영어 단어를 암기할 수 있다.

　6-3에서 자세히 설명했는데 연속된 1시간보다 자투리 시간을 모은 1시간이 집중력도 올라가고 효율성 높은 공부가 가능하다. 몰아서 1시간 연속해서 공부하는 것보다도 5분간의 자투리 시간에 12회 공부하는 형태가 확실하게 집중력이 올라간다. 그것을 위해서라도 가방에 참고서나 책을 가지고 다니길 바란다.

　예를 들어 1분간의 자투리 시간에도 그 시간을 잘 활용해 참고서나 책을 보는 습관을 들이도록 하자. 단지 5분간의 자투리 시간이라 해도 100회 모으면 8시간 이상이 된다.

● 5분간의 자투리 시간에 공부합시다

항상 책이나 참고서, 스마트폰을 가지고 다니면 언제 발생할지 모르는 자투리 시간을 활용할 수 있다.

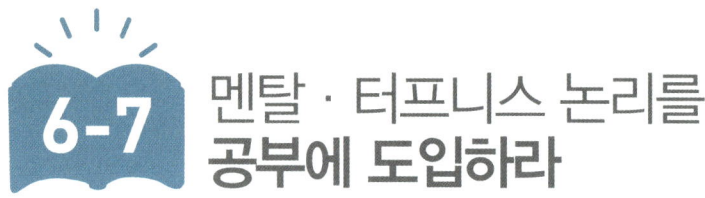

6-7 멘탈·터프니스 논리를 공부에 도입하라

　집중력을 높여 공부를 효율화하기 위해서는 심리적인 면에서 강해야 한다. 나는 스포츠심리학에서 나의 선생님이신 짐 레이어(Jim Loehr) 박사의 트레이닝 강도 이론에 바탕을 둔 '공부 강도의 법칙'을 개발하고 있다. 레이어 박사는 애슬리트 트레이닝 레벨을 4개로 분류하고 있다. 그것은 다음과 같다.

1. 오버 트레이닝(과한 스트레스)
2. 네거티브 트레이닝(순응성 스트레스)
3. 멘터넌스 트레이닝(지속 스트레스)
4. 언더 트레이닝(부족 스트레스)

　그리고 터프니스 트레이닝이야말로 운동선수가 강하고 튼튼한 신체를 착실하게 만들기 위한 이상적인 트레이닝 레벨이라고 강조하고 있다. 이에 관해서 레이어 박사는 이렇게 말한다.

　"강인해지기 위해서는 자신의 평상시 한계, 쾌적함을 느끼는 범위를 넘어서지 않으면 안 된다. 쾌적하게 느끼는 것만을 트레이닝하면 약해지거나 현재의 터프니스 레벨을 유지하거나 둘 중 하나다. 성장하기 위해서는 항상 한계를 넘어서 도전하지 않으면 안 된다."
(짐 레이어 지음, 『스포츠맨을 위한 멘탈 터프니스』, 한큐커뮤니케이션스, 1997년)

전혀 불쾌감이 없다면 강인해질 수 없다. 강제가 없어도 강해지지 않는다. 만약 현재 상황에서 주간 누적 공부시간이 10시간이라면 3시간 더 늘려 보면 어떨지 생각해 보자.

쾌적하게 느낄 만한 공부시간으로는 집중력을 올리고 성장시키는 일이 정말로 어렵다. 조금 힘든 정도의 공부시간을 설정하는 것이 성장해 가기 위해서 반드시 필요하다. 물론 누적 공부시간을 너무 늘리면 심신에 이상이 올 수도 있으므로 무리는 하지 않길 바란다.

공부시간을 터프니스 레벨에 조정하도록 하자. 그렇게 하는 것이 여러분의 공부 성장을 최대한으로 끌어올려 줄 것이다. 게다가 약간의 고통을 느끼는 터프니스 레벨의 공부시간을 강행해도 몇 주일 정도 지속한다면 그 고통이 사라지는 것을 느끼게 된다. 그렇게 되면 조금 더 주간 공부시간을 늘려보도록 하자. 조금 힘들게 느껴지는 터프니스 레벨의 공부시간으로 설정하면 집중력이 올라가고 놀라울 정도로 공부에 대한 성과도 향상될 것이다. 물론 몸 상태가 안 좋을 때에는 공부시간을 줄여도 상관없다.

■ **4개의 트레이닝 레벨**

스트레스 (고 → 저)	
오버 트레이닝(육체적인 고통)	
네거티브 트레이닝(육체적인 불쾌감)	
멘터넌스 트레이닝(고통은 없음)	
언더 트레이닝(정신적인 고통)	

트레이닝은 '조금 힘들겠네'라고 생각할 정도가 제일 좋다.
(출전 : 짐 레이어 지음, 『스포츠맨을 위한 멘탈 터프니스』, 한큐커뮤니케이션스, 1997년)

공부를 성공으로 이끄는 '회복력'을 발휘하라

공부시간을 강한 레벨로 설정했다면 회복에도 의욕을 갖도록 하자. 앞서 이야기한 짐 레이어 박사는 스스로 지도하고 있던 미국의 스피드 스케이트 선수 중 한 명인 댄 제이슨에게 회복 체크 용지(126페이지)를 날마다 기입하도록 했다. 그 결과 제이슨 선수는 1994년 릴레함메르 동계올림픽에서 보란 듯이 금메달을 획득했다. 이는 공부에서도 그대로 통용된다.

매일 이 체크 용지를 통해 자신의 수면시간을 확실히 파악하도록 하자. 어느 날 공부가 진척되면 그 전날의 수면 패턴에 주목하자. 자신의 최적의 수면시간을 파악해서 하루하루 꾸준히 지켜 가는 것은 낮 시간을 완전 연소시키기 위해서 반드시 필요하다.

또 매일 정해 놓은 시간에 기상과 취침이 되는지를 확인하자. 취침시간을 일정하게 하는 것은 어렵더라도 일정한 시간에 일어나는 것은 하려고 마음만 먹으면 그렇게 어렵지 않다. 밤의 수면뿐만 아니라 선잠을 취하는 것도 효과적이다. 내가 어느 정도 가수면을 취할 때 최고의 상태가 되는가를 파악하도록 하자.

집중력을 높이고 싶다면 여가시간에 활동적·수동적인 휴식이나 릴렉스를 위한 훈련 등이 반드시 필요하다. 왜냐하면 이러한 것들이 기분전환은 물론 몸 상태를 회복하고 유지하는 데 상당히 효과적이기 때문이다.

자신이 어떤 음식을 먹었는지 식단을 파악하는 것도 중요하다. 어느 날의 몸 상태가 좋았던 것은 그날 먹은 식사의 식재료가 좋았기 때문일지도 모르기 때문이다.

아무리 노력을 해도 시험 당일에 몸이 망가지는 것은 지금까지의 노력이 물거품되는 것과 동일하다. 용지에 체크함으로써 완벽한 몸 상태를 유지하기 쉽고 결과적으로 공부할 때 집중력도 높아져 공부의 효율성에 큰 공헌을 하게 된다. 이것이 바로 회복력이다.

매일 몸 상태를 체크함으로써 어떠한 조건일 때 자신의 몸 상태가 좋은지 구체적으로 파악할 수 있다. 물론 몸 상태가 좋을 때는 공부의 효율도 좋다.

■ 회복 체크 용지

1. **수면시간**
   - 8시간 이상   +4
   - 5~7시간   +2
   - 4시간 이하   +0.5

2. **기상·취침 습관**
   항상 정해진 시간(또는 그 전후 30분)에 기상, 취침한다
   - 예   +2
   - 아니오   +0

3. **선잠 시간**
   - 30분~1시간   +2
   - 30분 미만   +0

4. **활동적인 휴식시간**
   워킹이나 골프, 사이클링 등의 휴식에 소비한 시간
   - 1시간 이상   +2
   - 30분~1시간 미만   +1
   - 30분 미만   +0.5

5. **수동적인 휴식시간**
   독서, 영화, TV, 음악감상 등 휴식에 소비한 시간
   - 1시간 이상   +2
   - 30분~1시간 미만   +1
   - 30분 미만   +0.5

6. 릴렉스를 위한 훈련시간
   명상, 호흡법, 요가, 마사지 등의 훈련에 소비한 시간
   1시간 이상　　　　　　　　+2
   30분~1시간 미만　　　　　+1
   30분 미만　　　　　　　　+0.5

7. 식사 횟수
   가벼운 식사를 4회 이상　　+3
   2~3회의 식사　　　　　　 +1

8. 식생활의 건강도
   가볍게, 신선하게, 저지방으로 복합 탄수화물 중심의 식사를 하는가?
   매일 그렇게 한다　　　　　+3
   거의 그렇게 한다　　　　　+1

9. 오늘은 즐거운 하루였습니까?
   즐거웠다　　　　　　　　　+2
   즐겁지 않았다　　　　　　 +0

10. 개인적인 자유시간
    1시간 이상　　　　　　　　+2
    30분~1시간 미만　　　　　+1

　　　　　　　　　　　1일 회복량의 총계(24점 만점)

체크 용지를 미리 작성해 두면 어려움 없이 기록할 수 있다.
(출전 : 짐 레이어 지음, 『스포츠맨을 위한 멘탈 터프니스』, 한큐커뮤니케이션즈, 1997년)

COLUMN 06

순간적으로 집중력을 높이는 기술

순간적으로 집중력을 높이고 싶을 때가 있을 것이다. 예를 들어 반드시 통과해야 하는 시험의 바로 전날 등등… 이와 같은 때를 대비해서 심리학에서는 상식이 되어 버린 **잔상 집중 트레이닝**을 꼭 마스터해 보자.

우선 명함 사이즈의 용지를 준비하고 중앙에 지름 약 1센티미터의 원을 그린 후 컬러 펜으로 자신이 마음에 드는 색으로 칠한다. 그리고 밝은 장소에서 이 원을 1분간 응시한다. 조금 지나면 그 원의 주위에 다른 색이 보이게 되어 코로나와 같이 확대되거나 축소될 것이다. 여러분의 집중력 레벨은 이때 꽤 높아지게 된다.

1분간 원을 계속 보았다면 이번엔 눈을 감아 주자. 그렇게 하면 이마 주위 부분에 방금 계속 보아온 원의 색의 보색으로 칠해져 있는 원이 선명하게 떠오르게 된다. 만약에 여러분이 적색으로 원을 칠했다면 녹색이 떠오르게 될 것이다. 그리고 오렌지색으로 칠했다면 청색이, 황록색으로 칠했다면 자주색이 떠오르게 된다. 그 후 원이 사라질 때까지 의식을 그 원에 집중시켜 주자. 이때 여러분의 집중력 레벨은 더욱 높아져 있을 것이다. 이것을 정기적으로 연습해서 집중력을 자유자재로 소성하는 것이 가능하게 된다면 **돌발사태에서도 집중력을 발휘할 수 있게 된다.**

07 높은 동기부여를 유지하는 기술

7-1 　모티베이션은 단기 목표일수록 올라간다
7-2 　마이너스 이미지를 플러스로 바꿔라
7-3 　유연한 마인드를 가져라
7-4 　최강의 모티베이터를 발견하라
7-5 　'지론계 모티베이터'를 마음속에 키워라
7-6 　더욱더 자신에게 기대하라
7-7 　성장 욕구를 최대한 높여라
7-8 　최상의 수면 패턴을 몸에 익혀라
7-9 　편안한 공부 스팟을 찾아라

7-1 모티베이션은 단기 목표일수록 올라간다

목표의 기간에 관해 스탠포드대학의 앨버트 밴두러(Albert Bandura) 박사가 한 실험이 있다. 그는 7~10세의 어린이에게 산수 문제집을 풀게 했다.

A그룹에게는 '매일 6페이지씩 풀 것'이라는 목표를 세워서 풀게 했고, B그룹에게는 '258페이지인 문제집을 한꺼번에 모두 풀어라'라고 지시했다. 그 결과 A그룹은 74%의 어린이가 모두 문제를 풀었지만 B그룹에서 모든 문제를 푼 어린이는 55%에 그쳤다.

동시에 박사는 '산수에 관한 흥미'를 조사했다. 그랬더니 A그룹은 90%의 어린이가 흥미를 보인 반면, B그룹의 어린이들 중 흥미를 보인 경우는 50%에도 미치지 못했다.

이 조사를 통해 알 수 있는 것은 월간 목표나 주간 목표도 물론 중요하지만 역시 강력한 효과가 있는 것은 <mark>단기적인 일과를 착실히 해 나가는 것이다.</mark> 매일 10분이나 15분 정도라도 좋으니 자투리 시간을 찾아내어 착실하게 공부하는 습관이 보다 효과적이다.

목표설정에 관련한 또 다른 강력한 심리 효과는 <mark>마감 효과</mark>이다. 나는 지금까지 15년 이상 컨설턴트를 하면서 연간 10권을 베이스로 책을 집필해 오고 있는데 단행본의 집필이 결정될 때 일부러 엄격하게 집필 기간을 설정해서 담당자인 편집자에게 알리고 있다. 이것이 마감 효과이며 의욕의 원동력이 된다.

수험공부나 자격시험에서는 잘하지 못하는 과목의 극복이 합격, 불합격을 크게 좌우한다. 그렇다고 해도 좋아하는 과목은 자발적으로 공부하고자 하는 생각이 들지만 싫어하는 과목은 그저 "싫다 싫어…"가 되어 버린다. 그러나 그런 억지로 하는 느낌이 강한 과목이라도 이와 같이 기간을 설정한다면 괴력의 힘을 발휘할 수 있다.

장대한 목표는 도중에 무너지기 쉽다. 큰 목표 앞에 작은 목표를 몇 개 정도 설정한 후 이를 착실하게 달성해 나가는 것이 효과적이다.

7-2 마이너스 이미지를 플러스로 바꿔라

공부의 토대는 자신감을 가지는 것이다. 자기 암시의 효과는 무시할 수 없다. 예를 들어 인생을 좌우하는 대학시험에서 같은 학력을 가진 두 학생을 비교해 보자.

학생 A는 '나는 기필코 합격한다!'라고 자신을 북돋으며 공부에 전념한다. 한편 학생 B는 '목표하는 대학에 합격하지 못하면 어떻게 하지…?'라고 끊임없이 부정적인 생각을 하고 있다. 어느 쪽의 학생이 합격할지는 말할 필요도 없을 것이다.

실제 예를 하나 소개하겠다. 교육심리학자인 프레스코트 레키 박사는 영어 점수가 41점인 여학생에게 "너는 영어에 재능이 있어!"라고 반복해서 격려를 계속했다. 그랬더니 다음 시험에서 그 학생은 90점이라는 놀라운 성적을 냈다. 이것은 그녀 자신의 이미지가 변했기 때문이다. 그 이외의 이유는 생각조차 할 수 없다. 지금까지 '나는 영어와 거리가 멀어…'라는 생각이 그녀의 잠재능력을 가로막고 있었던 것이다.

레키 박사의 위로로 인해 그녀의 마음 한가운데에는 '지금은 성적이 좋지 않지만 어쩌면 나에게 영어 재능이 있을지도 몰라!'라는 심리 변화가 탄생한 것이다.

● **일류 운동선수는 슬럼프에도 자신만만**

지금까지 나는 수많은 운동선수의 멘탈에 관해 서포트해 왔는데, 최고의 운동선수일수록 자신만만하다. 한편 실력이 평균 정도인 선수는 컨디션이 좋을 때에는 챔피언처럼 자신만만했다가도 슬럼프에 빠지면 도중에 자신을 잃어버리고 말았다. 사람의 잠재력은 상상 이상으로 대단하다. 우선 자기 이미지를 바꾸어 보자. 자신과 같은 크기의 수준에 머물고 있는 한 의욕은 생기지 않는다. 겨우 현상 유지하는 수준에 불과하다.

뉴욕주립대학의 심리학 교실에서 2,000명 이상의 고등학생을 대상으로 실시했던 3년간의 연구 자료에서도 성적이 착실하게 상승한 것은 '자기 평가가 높은' 학생이었다. 그 원인을 찾아보니 자기 평가가 높은 사람은 재미없는 공부에서도 노력을 마다하지 않았다는 것이 밝혀졌다.

'나에게는 대단한 잠재력이 있다!', '나는 착실히 성장해 갈 수 있다!'라는 자기 이미지를 바꾸는 메시지를 반복해서 외치자. 그뿐만이 아니라 내 방 책상 앞의 벽에 그 메시지를 커다랗게 써서 붙여 두고 소리가 나도록 반복해서 읽어 보자. 그러한 행동이 여러분에게 자신감을 부여해서 동기부여도 주고 열성적으로 공부에 몰두하게 해준다.

'나란 놈은…'이란 생각은 지금 당장 그만두자. 천재가 있는 것을 부정하지는 않지만 일반적으로 생각할 때 애초에 사람이 가진 능력은 생각만큼 큰 차이가 없다.

7-3 유연한 마인드를 가져라

선입관은 그 사람의 능력을 한정해 버리고 만다. 예를 들어 "그러고 보니 부모님도 공부를 잘하지는 못했어"라고 치부해 버린다거나 "내 형제들은 일류대학과는 전혀 인연이 없어"라는 등의 말을 하는 사람이 있는데, 실은 여러분이 생각하는 정도로 공부가 차지하는 재능의 비율은 그렇게 높지 않다. 집착하는 힘이나 포기하지 않는 힘이야말로 학습능력을 높여주는 커다란 자질이다.

캐롤 드웩(Carol S. Dweck) 박사는 자신의 저서 『'하면 된다!'의 연구』(쿠사사샤, 2008년)에서 사람을 두 종류로 분류하고 있다. '딱딱한 마인드'인 사람과 '유연한 마인드'인 사람이다. '딱딱한 마인드'의 경우 '스킬이나 재능은 태어날 때부터 가지고 나온 것으로 그것을 바꾸는 것은 전혀 불가능하다'라고 생각해 버린다. 그렇기 때문에 시험 결과가 나빠도 '난 재능이 없어'라고 단정하고 결국 포기해 버려서 시험 점수가 좋게 나올 일이 없다.

'유연한 마인드'를 지닌 사람은 '스킬이나 능력은 단련과 끈기에 의해 신장한다'고 생각한다. 시험에서 좋은 점수를 받지 못해도 '내가 노력이 부족한 것이다'라고 생각하고 끊임없는 노력을 이어간다.

딱딱한 마인드를 지닌 사람은 결과에 일희일비하기 때문에 정신적으로도 상당히 불안정하다. 반면에 유연한 마인드를 지닌 사람은 어떠한 결과가 나오더라도 모티베이션이 변하는 일이 없이 그 결과에 일희일비하지 않으며 포기하지 않고 자신이 정한 목표를 향해서 돌진한다.

결과에 일희일비하고 있으면 기분이 크게 변동하기 때문에 정신적으로 커다란 에너지를 사용해 버린다. 좋을 때도 나쁠 때도 담담하게 목표를 향하면 된다. 최고의 운동선수가 얼굴에 감정을 거의 드러내지 않는 것은 무뚝뚝한 것이 아니고 자신의 기분을 혼란스럽지 않게 하기 위함이다.

# 최강의 모티베이터를 발견하라

'공부가 재미없다'라는 말은 많은 사람들이 가지고 있는 걱정이다. 수험공부, 자격시험이나 사내의 승진시험 등에서 높은 점수를 획득하려면 재미없는 내용의 공부를 지속하는 인내력이 요구된다. 공부에는 지속력뿐만 아니라 몰두하는 힘(몰두력)이 필요하다.

재미없는 공부를 오랜 시간 동안 하는 것은 자신이 좋아하는 것에 몰두하는 취미와는 차원이 다른 극히 어려운 일이다. 대부분이 그럴 것이다. 그러나 그렇게 해서는 공부의 성과를 낼 수가 없다. 스포츠에서도 힘들고 하기 싫은 연습을 얼마나 묵묵히 지속했는가가 결국 챔피언까지 오른 이들의 공통점이었다.

여기에서는 오로지 공부하기 위한 사고법이 요구되는데 그것은 공부에 대한 최강의 모티베이터를 찾아내는 일이다. 이것이야말로 공부에 몰두할 수 있는 중요한 방법 중 한 가지다. 재미없는 공부라도 몰두할 수 있도록 모티베이터를 발견하는 것에 관해 이치로 선수는 이렇게 말했다.

"결국은 아주 작은 것들을 차곡차곡 쌓아 나가는 것 말고는 정상에 갈 수 없습니다. 그것 이외의 방법은 없다라는 것입니다."

공부에 올바른 길은 있지만 가까운 길이나 편안한 길은 없다. 내가 정한 목표에 도달한 자랑스러운 모습을 생생하게 머리에 새겨 넣고 하루하루의 작업을 충실히 하는 것. 조금 더 덧붙이면 재미없는 작업만이 아닌 무언가 새로운 일을 배우는 데서 오는 반응이나 자신이 하루하루 조금이라도 성장하고 있는 것을 실감하면서 의욕은 솟아오르게 된다.

최대의 라이벌은 바로 현재의 자기 자신. 지금 할 수 없는 것이 공부하는 것으로 가능하게 된다. 이것이야 말로 최강의 모티베이터다.

'지론계 모티베이터'를 마음속에 키워라

모티베이터에는 긴장계(긴장이나 결핍이 원동력), 희망계(목표나 꿈이 원동력), 관계계(주위 사람과의 관계가 원동력), 지론계(자신을 주인공이라 느끼는 것에 의한 원동력)가 있다. 내가 '챔피언 모티베이터'라고 부르고 있는 지론계 모티베이터는 꿈을 실현하는 많은 사람들에게 최강의 모티베이터이다.

일이 잘 풀렸을 때는 지론계 모티베이터와 그 이외의 모티베이터 간의 차이가 드러나지 않지만 일이 잘 풀리지 않았을 경우에는 차이가 생긴다. 예를 들어 희망계의 모티베이터를 중심으로 공부했을 경우 시험에 불합격했을 때의 좌절감은 상당히 커서 '이렇게나 열심히 했는데… 왜?'라는 생각이 떠올라 한동한 다시 재기하기 힘든 경우도 있다. 반면에 지론계 모티베이터로 열심히 한 경우에는 결과적으로 시험에 불합격해도 '자신이 결정해서 잘 되지 않은 것이니까 납득할 수 있다'라고 생각해 크게 의기소침해지지 않는다.

실패했다고 해도 그때까지 쌓아 온 공부는 여러분의 인생 성장에 씨앗이 되어 준다. 이것에 관한 이치로 선수의 말은 우리들의 기운을 북돋워줄 뿐만 아니라 열심히 하는 것에 대한 중요성을 가르쳐 준다.

"저도 아직 잘 되지 않는 것들이 많습니다. 하지만 잘 되지 않아도 괜찮습니다. 잘 되면 끝나 버리니까요. 잘 안 되기 때문에 그래서 괜찮습니다"

목표를 실현하기 위해서는 공부하고 있는 행위 그 자체에 의미를 주도록 하자. 공부는 아무런 발전이나 결실이 없는 상태에서 받아들이는 것이지만 공부를 하는 행위 그 자체에 의미를 부여하는 것도 가능하다.

어찌되었든 하지 않으면 안 되는 공부라면 지론계 모티베이터로 생각하는 방법을 취하도록 하자.

이치로 선수와 같이 행위 그 자체에 의미를 부여하면 여러분은 강렬한 지론계 모티베이터를 발견한 것이다. '나 자신은 이렇게 공부한다'라는 셀프 이론(자기 지론)이 있으면 재미없는 내용의 공부에도 전념할 수 있다.

모티베이터에는 긴장계, 희망계, 관계계, 지론계가 있는데 이 중에 가장 강력한 것이 지론계이다.

7-6 더욱더 자신에게 기대하라

사람이 가진 주요 욕구 중에 기대 욕구가 있다. 이 욕구를 마음 안에 키워가면 침묵하고 있어도 공부를 지속하는 것이 가능하다. 자신에게 기대하는 것이므로 재미없는 공부도 지속할 수 있게 된다.

챔피언일수록 재미없는 작업을 지속할 수 있다. 그들은 이상할 정도로 자신에 대한 기대 욕구가 강하다. '난 이런 놈이 아니야', '난 지금보다 더 대단한 일을 할 수 있는 사람이야'라고 마치 우리들에게는 허풍처럼 생각되는 메시지를 자기 자신에게 자주 말하면서 재미없는 노력들을 지속한다.

자기 자신이 가지고 있는 잠재력에 더욱 기대해 보자. '시험에 합격한다', '자격을 취득한다'라는 것은 어디까지나 작은 목표 정도밖에 되지 않는다. 그것보다도 매일 자신에게 기대감을 불어넣어 가면서 '나는 더욱 잘할 수 있다', '최고의 나를 만나고 싶다'라는 기대를 키워 나가자. 그것이 여러분에게 높은 레벨의 동기부여를 유지시켜 공부를 지속할 수 있게 해준다.

다양한 생각과 연구를 거듭하면서 동기부여를 주고 공부하는 것이 공부 기술의 핵심이라는 점을 강조하고 싶다. 강렬한 모티베이터를 가지면 재미없는 공부라도 지속하는 것이 가능하다.

이치로 선수는 쉽고 간단하게 취할 수 있는 것을 거부하는 용기를 가지고 있었다. 어느 날 그는 이렇게 말했다.

"물론 가까운 길로 가고 싶습니다. 쉽게 된다면 즐겁기는 하겠지만 그런 일은 최고가 되기 위해서는 불가능한 것이지요. 가장 가까운 길은 멀리 돌아가는 것이라는 생각을 지금도 마음에 새기고 열심히 하고 있습니다."

'안타를 치는 쉬운 길이 있다면 그것을 선택하고 싶다', '더욱 편한 방법으로 안타를 칠 수 있다면 가르쳐 주세요'라고 바라는 선수들도 있을 것이다. 하지만 그런 간단한 길이나 쉬운 방법은 존재하지 않는다. 이치로 선수가 '방망이를 휘두르는 재미없는 단순 작업을 묵묵히 해 나가는 것 말고는 길이 없다'라고 생각하고 있듯이 '재미없는 공부를 묵묵히 해 나가는 것이 합격의 길'이라고 자신에게 말하자.

확실히 공부는 그다지 재미 있는 작업은 아닐지도 모른다. 그러나 어차피 해야만 하는 공부라면 억지로 하는 것보다는 자신에게 기대하며 높은 동기부여를 유지하면서 열심히 하자.

성장한 자기 자신을 만나고 싶다는 욕구는 강력한 동기부여가 된다. 정말로 자기 자신에 기대하는 것이 중요하다.

7-7 성장 욕구를 최대한 높여라

공부를 통해서 자신이 하루하루 착실하게 성장해 가는 것을 느끼게 되면 자연스럽게 모티베이션이 높아진다. 이 성장 욕구야말로 진정으로 할 수 있다는 의지를 만들어주는 강력한 모티베이터이다.

어제의 자신보다도 오늘의 자신, 그리고 오늘의 자신보다도 내일의 자신이 착실하게 진보해 있다는 반응을 민감하게 느끼도록 하자.

성장 욕구는 우리들의 흥미를 자극해 준다. '모르는 것을 알게 되는 쾌감'이나 '지금까지 느끼지 못했던 재미를 아는 쾌감'은 동기부여에 커다란 영향을 준다.

나는 '공부의 우물을 깊이 파내려 가자'라는 표현을 쓰곤 하는데 그렇게 하면 지금까지 몰랐던 재미를 알 수 있게 된다. '넓고 얕게 공부하는 것이 중요하다'고 주장하는 학자도 있지만 나는 그것에 동의하지 않는다.

테마를 깊게 탐색하면 모티베이션이 높아져 학습속도는 크게 향상된다. 그뿐만이 아니라 단순히 통째로 암기해 넓고 얕은 지식을 입력하는 것보다도 몇 배의 이해력을 동원할 수 있으므로 결국은 깊고 넓게 학습할 수 있다.

성장하고 있다는 쾌감이 있기 때문에 점점 깊게 전력투구할 수 있는 것이고 그 결과 학습에 가속도가 붙어 빨라진다. 흥미가 있기 때문에 공부가 진행되는 것이 아니라 공부를 해 가고 있기 때문에 자연히 흥미가 생기는 것이다. 이것은 같은 말처럼 생각되어도 전혀 다른 상황이다. 흥미가 우선이 아니고 공부가 우선인 것이다. 먼저 '공부를 해 보자'라는 뜻이다. 그 자세가 중요하다.

어떤 분야를 깊게 파서 학습속도를 끌어올리면 흥미가 생기고 자연히 파는 장소가 넓어진다.

 # 최상의 수면 패턴을 몸에 익혀라

공부법에서 의외의 맹점은 수면에 있다. 여러분은 매일 몇 시간의 수면을 취하고 있는가? 나는 현재 68세인데 50세 정도까지는 7시간 수면을 취했다. 그러나 지금은 기본적으로 6시간의 수면시간으로도 충분하다. 물론 사람에 따라서는 '7시간 수면을 취하는 것이 낮에 집중력이 높아진다'라고 느낄지도 모르겠다. 그것은 그다지 상관없다.

다만 수면시간이 늘어나면 필연적으로 수면의 질은 저하한다. 수면에 관한 어떤 책에서 '아침 기상 전의 30분~1시간은 선잠에 불과하다'는 서술이 있었다. 이것을 읽은 나는 "좋아, 이제 30분 빨리 일어나자!"라고 결심했고, 오후 11시~오전 6시의 수면 패턴을 오후 11시~오전 5시 30분으로 바꾸었다.

그랬더니 이상한 현상이 일어났다. 30분 빨리 일어났음에도 불구하고 심신이 전보다 훨씬 양호해졌다. 이전보다 더 깊은 수면을 취하게 되었으며 더 기분 좋게 아침에 기상하는 나 자신을 발견하게 되었던 것이다.

그뿐만이 아니라 30분 수면시간을 단축한 결과 연간 180시간이라는 아침시간이 창출되었다. 그동안에 비해 더욱 깊은 수면을 손에 넣었을 뿐 아니라 낮에도 활력 넘치는 활동이 가능하게 되었다.

반 년 정도 그러한 수면 패턴으로 지낸 후 나는 그보다 30분 더 일찍 일어나기로 결심했다. 최종적으로 오후 11시~오전 5시가 나의 보통 수면시간으로 정착했다. 아침 5시에 일어나 2-1에서 소개한 아침의 '의식'을 실시한 후 오전 6시부터 시작해서 오전 내내 책을 집필하는 시간으로 맞추었다.

여러분도 현재의 기상시간을 30분 앞당기면 심신에 어떠한 변화가 일어나는지 시험해 보라. 그것이 잘 된다면 새로운 공부시간을 창출할 수 있다.

아래 표는 여러분의 수면시간의 유무를 알 수 있는 쾌면 체크 용지다. 이 15개 항목에 '예' 또는 '아니오'로 답하자. '아니오'의 수가 많으면 쾌면을 취하고 있다고 봐도 무방하다(평가에 관한 설명은 148페이지 참조).

■ 쾌면 체크 용지

* 아래의 질문에 '예'이면 O, '아니오'이면 X

1. (　) 알람 시계가 없으면 정해진 시간에 일어나지 못한다.
2. (　) 아침에 침대에서 나오는 것이 힘들다.
3. (　) 평일 아침에 일어나기 힘들고 몇 번이고 알람을 끈다.
4. (　) 평일 중 항상 피로가 쌓여 스트레스를 느끼고 있다.
5. (　) 집중력이 약하고 물건을 잃어버리는 일이 잦다.
6. (　) 결단력, 판단력, 창조력 등에 자신이 없다.
7. (　) TV를 보고 있으면 잠들어 버리는 경우가 자주 있다.
8. (　) 힘든 회의나 강의 때 또는 따뜻한 방에 있을 때 잠드는 경우가 자주 있다.
9. (　) 배부르게 먹거나 가볍게 술을 마시거나 하면 잠드는 경우가 있다.
10. (　) 저녁 식사 후 느슨해지면 결국 선잠을 잔다.
11. (　) 침대에 누우면 5분 이내로 잠들어 버린다.
12. (　) 자동차를 운전하고 있으면 졸린 경우가 자주 있다.
13. (　) 주말 아침은 평상시보다 몇 시간 늦게 일어난다.
14. (　) 낮잠을 자지 않으면 안 된다.
15. (　) 눈 가장자리에 다크서클이 있다.

정말로 자신이 필요로 하는 수면시간을 찾아내자. 불필요하게 길게 잠을 잘 필요는 없다(평가는 148페이지).
(출전 : 제임스·B·마스 지음, 『쾌면력』, 미카사쇼보우, 1999년, 일부 개정)

# 편안한 공부 스팟을 찾아라

　공부가 잘 되는 장소를 찾아 놓는 일은 정말로 중요하다. 아주 오래된 이야기인데, 내가 교토대학의 학생 시절에 시험공부를 하는 장소는 농학부 근처의 커피숍인 '신진토우'였다. 이 커피숍은 지금도 교토의 인기 장소로 많은 학생이나 사회인들이 즐겨 찾는 곳 중 하나다. 1930년도에 창업한 곳이라서 역사 있는 노점포인 것은 틀림없다.

　대학을 졸업한지 거의 43년이 지났는데도 불구하고 그 넓고 큼지막한 목재 책상을 바라볼 때면 떠들썩한 곳으로부터 격리된 공간에서 공부했을 때 학습이 놀라울 정도로 순조롭게 잘 되었던 것이 생각난다. 이곳에서 공부를 하면 왠지 집중이 잘 되고 기억하고 싶은 것이 쏙쏙 머리에 들어갔던 기억이 지금도 선명하게 떠오르곤 한다.

　그렇다면 왜 카페에서는 공부가 잘 되는 것일까? 우선 사람은 적정한 소음에 노출될 때 집중이 잘 된다. 완전 무음의 무향실에서는 반대로 집중이 되지 않는다. 또 다른 사람들의 눈이 있으므로 적당한 긴장감이 유지된다. 한 잔의 커피로 긴 시간 동안 있을 수 없으므로 제한시간 효과도 도움을 준다. 그 외에도 집과는 달리 방해되는 요소가 없고 공부밖에 할 것이 없는 것도 공부의 효율을 높여준다.

　나 역시 지금도 집 주변에 몇 개의 공부 스팟이 있다. 모두 카페인데 그 장소에서 혼자 2~3시간 편안한 기분으로 커피를 마시며 집필 등의 기획을 검토하곤 한다. 도서관의 자습실이나 패밀리 레스토랑 등 사용하기 편한 좋은 장소라면 아무런 상관이 없다.

　집에서 30분 정도 빨리 나와 아침의 러시아워를 피하고 비교적 사람이 적은 지하철에 앉아 독서나 공부를 하는 것도 추천한다. 가까운 역 근처에서 마음에 드는 카페를 찾아 출근 전의 시간을 그 날의 스케줄링을 겸한 공부시간에 맞춰 주자.

다른 사람의 시선이 있는 장소(카페나 도서관 등)에서 공부를 하면 순조롭게 진척되는 경험을 가지고 있는 사람이 많을 것이다. 집에서는 느슨해지는 사람에게 추천한다.

시간관리 체크 평가 (108페이지)

65점 이상 : 당신의 시간관리 능력은 아주 우수합니다.
55~64점 : 당신의 시간관리 능력은 우수합니다.
40~54점 : 당신의 시간관리 능력은 평균 레벨입니다.
30~39점 : 당신의 시간관리 능력은 좋지 않습니다.
29점 이하 : 당신의 시간관리 능력은 최저 레벨입니다.

쾌면 체크 평가 (145페이지)

O의 개수

2개 이하 : 당신의 수면은 전혀 문제없습니다.
3~5개 : 당신의 수면장애는 현재 아주 심하지 않습니다.
6~8개 : 당신은 확실히 수면장애를 겪고 있습니다.
9개 이상 : 당신은 수면장애가 심각합니다. 의사와의 상담이 필요합니다.

08 기억력을 강하게 하는 기술

- 8-1 기억에 필요한 3개의 프로세스를 알자
- 8-2 에피소드 기억과 연결해서 생각하라
- 8-3 기억하고 싶은 것은 반복해서 생각하라
- 8-4 반복 복습으로 기억을 정착시켜라
- 8-5 감정과 체험을 포함해서 기억하라
- 8-6 '자택 기억법'으로 많이 기억하라
- 8-7 근력 트레이닝을 기억법에 응용하라
- 8-8 암기물은 수면 전 학습으로 기억하라

기억에 필요한 3개의 프로세스를 알자

공부를 할 때 효율적으로 기억하는 일이 빠질 수는 없다. 서점에 기억법을 다룬 책이 많이 나와 있는 것도 이와 같은 사실을 잘 대변해 준다. 인터넷에서 기억력에 관한 책을 검색하면 적어도 수백 권은 나온다. 이 사실만 보아도 많은 사람들이 기억력을 높이기 위한 방법에 관심을 가지고 있다는 것을 알 수 있다. 여기서는 시험 당일까지의 시간이 한정되어 있는 수험생이나 자격시험 등에 철야를 하며 온 힘을 다하는 바쁜 비즈니스맨을 대상으로 한 효율적인 기억법을 알아보자.

기억은 3개의 스텝으로 분류된다(그림 참조). 최초의 스텝은 ①기명(기억 과정에서 새로운 경험을 머릿속에 새기는 일)이다. 기억하고 싶은 사물을 시각을 중심으로 한 감각 기관을 통해서 뇌에 입력하는 작업이다.

다음 스텝이 ②보유다. 기명에 의해 해마에 일시적으로 기억한 사항을 대뇌신피질에 장기 기억으로 보유하는 작업이다.

그리고 최후의 스텝이 ③상기다. 보유된 기억을 임기응변으로 출력하는 작업이다. 앞서 이야기한 바와 같이 뇌는 기억하는 것보다도 잊어버리기를 잘하는 장기이다. 입력한 정보가 모두 기억으로 보존된다면 뇌는 빠른 시간 안에 펑크가 나기 때문이다.

우리들이 통상적으로 입력하는 사항의 대부분은 일시적으로 뇌에 남겨도 충분한 사항들이다. 인지심리학에서는 워킹 메모리(작업 기억)라고 불리고 있다.

예를 들어 슈퍼에서 구입해 냉장고에 넣어 둔 식재료는 요리하고 먹어 버리면 잊어버려도 상관없는 것들이다.

■ 기억의 3개 프로세스

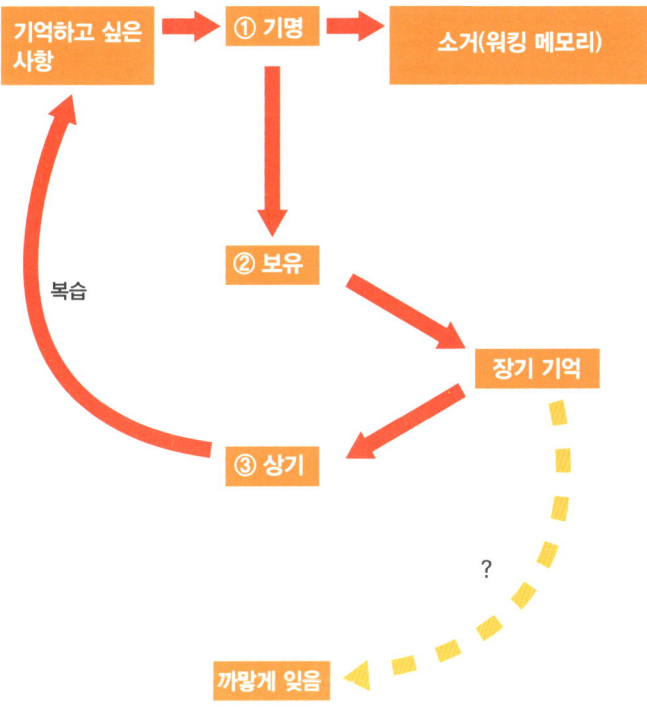

장대한 목표는 도중에 무너지기 쉽다. 큰 목표 앞에 작은 목표를 몇 개 정도 설정해서 그것들을 착실하게 달성해 나가는 것이 효과적이다.

 이것은 어디까지나 나의 추측에 불과하지만 뇌 속에서는 냉장고 안의 식재료를 기억하는 것만큼 사용되고 있는 고유의 뇌세포가 있어서 최초의 식재료가 냉장고에 들어오게 되면 자동적으로 그 부분의 기억이 바뀌는 기능이 준비되어 있는 것 같다.
 또는 역에서 산 표의 행선지나 도착한 레스토랑에서 먹은 메뉴 등도 그 행위를 끝내면 자동적으로 내용을 소거하는 뇌의 영역이 있는 것으로 생각된다.

● **기억은 복습으로 정착한다**

그러나 공부에 있어서 뇌의 영역이 그런 상태면 곤란하다. 장기 기억으로 확실하게 보유하기 위해서는 기억을 보존하는 '창고'가 필요하다. 내가 추측하는 창고는 카테고리별로 되어 있어서 그곳에는 보다 작은 창고도 존재한다. 더욱 세세하게 분류되어 반영구적으로 보존되는 기억은 이 창고에 쌓여 있다.

만약 상기할 작업을 빈번하게 행하지 않는다면 여러분은 그 기억이 어디에 수납되었는지 알 수 없게 되어 상기할 수 없게 된다. 이것이 중고생들에게 나타나는 '잘 까먹다, 잘 잊는다'라는 것이다. 물론 젊은 사람들에게도 이 현상은 일어난다.

벼르고 별러서 시험공부를 했는데 중요한 시험을 볼 때 공부한 내용이 잘 생각나지 않는 현상이 그 전형적인 사례이다. 기억한 사항을 상기하고 보존하는 작업이 중요한 것은 이런 이유 때문이다. 이 책에서도 다루고 있는 반복 효과는 기억의 입력 작업뿐만 아니라 출력 작업에 있어서도 중요하다.

최근의 뇌 과학 연구에서는 기억 저장 창고에 기억된 사항이라 해도 생각해 내는 일 없이 방치하면 냉장고 안의 식재료와 같은 처지처럼 기억으로부터 완전히 사라지는 운명이 될 수 있다고 생각하고 있다.

만약 여러분이 안정된 기억을 보유하고 싶다면 기억한 사항을 자주 저장 창고에 넣거나 빼는 일이 중요하다. 이것이 복습이라는 작업이다. 이때 기억한 텍스트를 보고 있는 것만으로도 상기하는 효과가 있는데 그것보다는 목소리를 내서 읽어 보거나 직접 손으로 노트에 써 보는 것이 더욱 확실하게 그 내용을 상기하기 쉽다. 본다(시각)는 것과 연동시켜서 쓰거나(촉각) 듣거나(청각) 해서 감각 기관을 총동원하는 작업이 기억을 보다 안정시켜 주게 된다.

8-2 에피소드 기억과 연결해서 생각하라

장기 기억은 선언 기억(宣言記憶)과 비선언 기억(非宣言記憶)으로 나뉜다 (그림 참조). 선언 기억은 또다시 의미 기억과 에피소드 기억의 2개로 분류할 수 있다. '1392년에 이성계가 새 왕조의 태조가 되었다. 이듬해 국호를 조선(朝鮮)이라 정했다'라는 지식을 기억하는 것이 의미 기억이다. 여러분의 인생 체험은 에피소드 기억이다.

비선언 기억도 2개로 분류한다. 절차(수속) 기억과 프라이밍(priming) 기억이다. 절차 기억은 스포츠나 예술에서 기술의 습득을 총칭한다. 프라이밍 기억은 조건반사적인 기억이다. 예를 들어 산길을 걷고 있을 때에 돌연 풀숲에서 뱀이 나오면 여러분은 "캬~악!" 하고 비명을 지르며 도망갈 텐데 이 행동을 취하는 것이 프라이밍 기억이다.

시험의 대부분은 지식을 기억하는 의미 기억의 능력을 평가한다. 의

■ 기억의 분류

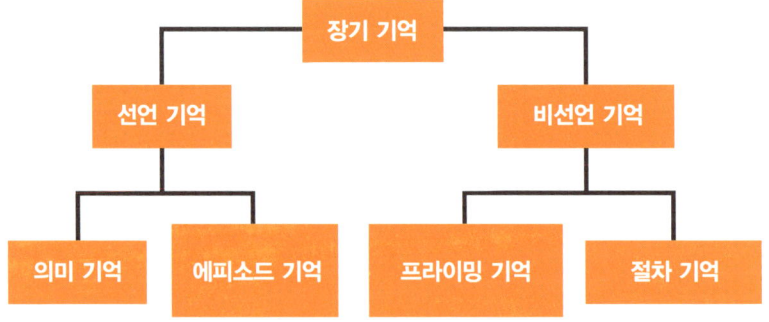

에피소드 기억에는 반드시 '장소'가 필수 요소로 들어가기 때문에 장소 정보는 기억을 불러일으키는 실마리로써 기능한다.

미 기억은 그 이외의 기억에 비교해서 불안정하고 이동하기 쉬운 것이다. 그래서 그 이외의 정착하기 쉬운 기억과 연동시켜서 기억하는 기술이 중요하다. 예를 들어 자동차의 조수석이나 통근 지하철 안에서 기억하는 것은 정말로 유효하다. 왜냐하면 에피소드 기억과 연동시켜서 기억할 수 있기 때문이다.

또한 반드시 여러분이 해 보았으면 하는 실험이 있다. 우선 시간을 10분으로 한정해서 집의 서재와 통근 지하철에서 영어 단어를 각각 30개씩 외운다. 가능하면 여러분이 잘 몰랐던 약간 난해한 영어 단어를 선택하자. 1분간 3개의 영어 단어를 기억하는 속도로 외운다.

여기서 한 가지만 유의해 주었으면 하는 것이 있다. 그것은 통근 지하철 안에서 외울 때는 어느 역의 주변을 지하철이 통과하고 있는가를 자주 의식해 가면서 영어 단어를 기억하자는 것이다. 물론 서재에서 기억할 때는 평상시처럼 기억해도 상관없다. 그리고 1시간 후에 기억한 영어 단어를 종이에 써 보도록 하자. 어느 쪽이 더 많은 영어 단어를 정확히 기억했나? 대부분의 사람들이 통근 지하철 안에서 기억한 경우가 성적이 좋았을 것이다.

이동하는 지하철 안에서 기억할 때는 그 영어 단어를 어느 역 주변에서 기억했었나를 의식하면 에피소드 기억과 연동하므로 선명한 기억으로서 뇌 속에 남게 된다. 한편 서재에서 기억한 경우에는 주위의 환경은 전혀 변화가 없으므로 에피소드 기억과 연동시키기가 어렵다. 거실에서 TV를 보면서 이 작업을 하면 기억하는 영어 단어와 TV의 내용이 연동해서 기억에 남기 쉽다.

따라서 서재에서만 공부에 몰두하는 것이 아니라 때로는 변화무쌍하고 복잡한 붐비는 곳에 나가서 주위의 환경 변화를 의식해 가며 공부하면 예상 외로 쉽게 기억할 수 있다. 이 방법은 특히 무미건조한 지식을 암기할 때에 사용하는 테크닉이다.

기억하고 싶은 것은 반복해서 생각하라

영국의 인지심리학자 엘리너 맥과이어(Eleanor Macguire) 박사는 런던 시내를 달리는 택시 기사의 해마를 MRI 화상 진단법으로 분석했다. 그 결과 일반인보다도 확연하게 해마 후부의 용적이 크다는 것을 밝혀냈다. 게다가 그들의 해마 후부는 나이를 먹으면 먹을수록 커지고 있다는 사실이 판명되었다. 해마 후부는 공간적 기억의 형성에 관여하고 있는데 택시 기사의 해마 후부는 복잡한 런던 시내를 항상 달리면서 자극되어 커지게 된 것이다. 뇌는 계속 사용하게 되면 나이가 들면서 쇠퇴하는 부분이 진화한다. 이제까지의 '노령에 의한 뇌세포는 지속적으로 줄어간다'는 설은 보란 듯이 깨져 버렸다.

효율적인 지식의 습득을 위해서는 뇌의 기능을 확실히 이해해서 학습하는 것이 중요하다. 뇌는 입력보다도 출력함으로써 기억을 정착시킬 수 있다. 퍼듀대학에 있는 심리학 교실에서 하나의 실험이 행해졌다. 스와힐리어 단어를 40개 기억시키는 실험이었다. 학생들을 피험자로 해서 몇 개의 그룹으로 나누어 실험이 이루어졌다. 그 결과 기억을 장기 기억으로 정착시키게 된 것은 확인 테스트(출력)를 반복해서 실시한 그룹이었다. 몇 번이고 반복해서 학습(입력)한 그룹은 확실히 기억한 처음의 테스트에서는 정답을 맞추었지만 며칠 후 재시험을 실시했을 때 성적이 좋게 나오지 않았다.

결국 기억하고 싶은 사항을 장기 기억으로 뇌에 정착시키고 싶다면 단순히 반복해서 학습이라는 입력 작업을 행하는 것만이 아닌 상기(생각해 내는 것)라는 출력 작업을 중점적으로 하는 것이 포인트이다. 참고서의 정답란에 오렌지색의 펜으로 답을 써넣고 그 위에 적색의 투명 받침대로 겹쳐서 보이지 않게 해서 답을 상기한 후 체크하는 작업을 반복하는 것은 수험공부나 정기적인 시험에서 거의 정해진 듯한 테크닉이지만 기억을 장기 기억으로 이동시키기 위해서는 정말 유효한 공부방법이다.

잊어버리기 위해서는 생각하지 않는 것이 최고. 생각하지 않도록 하기 위해서는 새로운 연애를 하는 것이 효과적. 아픈 사랑에 대한 생각이 줄어들기 때문이다.

8-4 반복 복습으로 기억을 정착시켜라

기억을 정착시키는 왕도는 반복이다. 수험공부나 자격시험에서 기억해야 할 정보는 생명유지와는 전혀 관계가 없지만 반복하면 자동적으로 단기 기억에서 장기 기억으로 이동한다. 반복을 지속하면 해마는 '반드시 이것은 중요한 정보다!'라고 생각해 버린다. 그러면 되는 것이다.

이것은 지식의 기억뿐만 아니라 운동의 기억에도 적용할 수 있다. 니시코리 케이라는 테니스 선수는 포핸드 스트로크의 반복 작업을 꾸준히 되풀이함으로써 훌륭한 쇼트를 몸에 익혔다.

나는 어릴 때부터 암기를 잘했다. 초등학교 시절부터 철도 마니아였는데 주말에 관서 지방의 다양한 전철을 타고 이곳저곳을 돌아다녔다. 물론 가방 안에 전철 시간표를 넣고 다니며 전철 안에서 반복해서 읽고 지금 내가 있는 장소를 체크하는 작업을 반복하며 관서 지역의 JR뿐만 아니라 다른 회사 철도의 모든 역을 완벽하게 기억했다.

더 나아가 이번엔 큐슈의 니시카고지마 역(당시)에서 홋카이도의 왓카나이 역까지 암기하는 것에도 도전해서 보란 듯이 모든 역을 완벽하게 암기했다. 그 당시 나는 시간표의 지도에 있는 역 이름을 불경 외우듯이 반복하는 동시에 뇌 뒤편으로는 시간표의 지도를 이미지화하면서 기억했었다.

나는 대학교 때 만담 연구소에 소속되어 당시 20~30분의 대사를 50개 이상 암기해서 실제로 연기했는데 오로지 반복 작업에 의해 대본을 암기했다.

앞부분에서도 조금씩 설명했듯이 뇌는 기억하는 것보다 망각하는 일에 전문이다. 뇌의 용량은 한정되어 있어서 들어오는 정보를 모두 기억한다면 바로 터져 버리고 말 것이다. 기억보다도 망각이 전문인 뇌에게 여러분이 무언가를 기억으로서 정착시키고 싶다면 오로지 반복 작업을 하는 시간을 확실하게 확보하는 일이 중요하다.

토론토대학의 앤드류 비멀러 박사는 유치원생과 초등학교 1, 2학년을 대상으로 읽어주는 실험을 했다. A그룹에는 같은 책을 2회, B그룹에게는 4회를 읽어주었다. 그 결과 4회 읽어준 B그룹이 2회 읽어준 A그룹보다 이해도가 12% 높았다.

최근 '여러 번 읽기'를 강조한 베스트셀러 책이 나왔는데 '반복하는 효과'는 착실하게 독해력을 올려준다. 특히 난해한 사항은 통으로 암기할 정도의 마음가짐으로 되풀이해 가며 읽음으로써 자연스럽게 그 사항이 머릿속에 들어오게 된다.

생각해 내면 잊어버리지 않는다. 그러니 조금 시간을 할애해서 (잊어버린 곳을) 복습하는 것이 효과적이다. '기억했어도 바로 잊어버리는…' 것은 당연한 것으로 끈기 있게 기억하는 것이 핵심이다.

8-5 감정과 체험을 포함해서 기억하라

　암기하고 싶은 사항에 감정이나 자신의 체험을 결부시켜 놓으면 장기 기억으로 정착할 확률이 확연하게 높아진다. 예를 들어 '이성계가 공양왕에게 선위를 받는 형식으로 왕에 올라 개국하였고, 이듬해 나라의 이름을 '조선'으로 바꾸었다. 재위 기간은 1392년부터로 영웅다운 삶을 살아낸 그였지만 말년에 자식들이 벌이는 권력 다툼 앞에서 스스로 왕위에서 물러난 해가 1398년이다. 불과 6년밖에 되지 않는 세월이었다'라는 사실만을 다루는 것은 무미건조해서 그다지 흥미가 생기지 않을 것이다.

　그러나 '내가 그 시기에 살고 있는 이성계라면 어떠한 정치를 했을까…?'라며 자신을 이성계로 생각하고 당시로 돌아가 마음속으로 반복해서 이미지 트레이닝을 실천한다면 기억으로서 정착하기 쉽다.

　'좋고 나쁜 감정'을 넣어서 기억하는 것도 유효한 방법이다. 예를 들면 '암모니아는 특유의 냄새가 나는 무색의 기체로 물에 잘 녹고 수용액은 알카리성이다'라는 사실을 '암모니아가 아주 싫은 이유는 그 냄새를 참을 수 없기 때문이다. 어떻게 해서든 물에 전부 녹여 없애고 싶다. 암모니아는 아주 싫기 때문에 알카리성까지 싫어지게 될 것 같다'와 같이 좋고 나쁨의 감정을 결부시켜 가면서 기억하면 잊어버릴 일은 거의 없다.

　일리노이대학의 샤론 샤빗 박사는 기억시키기 쉬운 광고에 관해서 '좋고 나쁨의 감정을 부각시키는 광고가 잘 기억되는 경향이 있다'라고 주장하고 있다. 많은 광고들이 사람들에게 좋은 인상을 자극하는 내용들로 만들어지는 것이 전형적인 예다.

　물론 좋고 나쁨의 감정을 포함시키는 것이 어려운 정보도 있을지도 모른다. 그럴 때에는 희로애락이나 아픔, 온도나 온도의 감각까지 응용하여 사용해 보자. 여러분의 감정이나 감각을 총동원해서 기억한다면 뇌는 그 정보를 안정된 장기 기억으로 정착시켜 줄 것이다.

감정이나 경험을 조합해 넣어 기억하면 에피소드 기억과 연결되므로 장기 기억으로 정착하기 쉽다.

8-6 '자택 기억법'으로 많이 기억하라

나는 기억력을 강화하는 방법으로 편의점 기억법을 내놓았는데 많은 학생이나 비즈니스맨들이 활용할 수 있도록 하고 있다. 실천하는 방법은 지극히 간단하다. 우선 자택이나 오피스 근처에서 통상적으로 자주 이용하는 편의점을 찾아가자.

그리고 그 편의점에 가게 되면 놓여 있는 장소를 근거로 구체적인 상품을 가능한 많이 기억하도록 해 보자. 그때 구체적인 상품의 디자인뿐 아니라 상품명까지 확실하게 기억하자.

이 방법으로 기억하면 단지 막연하게 상품을 기억하는 것보다도 놀랄 정도로 선명하게 기억할 수 있다는 것을 알 수 있다. 이 습관이 좌우의 뇌를 연동시켜 좋은 뇌를 위한 트레이닝이 된다.

나는 이 기억법을 일상의 습관으로 만들고는 자주 가는 편의점에서 1분 머무르는 동안 약 30개의 상품을 선명하게 기억하게 되었다. 장소라는 공간이 기억력을 증진시켜 준다. 이 기억법을 마스터한다면 기억력을 강화할 수 있을 뿐만 아니라 편의점에 나열되어 있는 최신 상품의 트렌드를 단시간에 파악할 수 있어서 비즈니스에도 플러스가 되는 일석이조의 기억법이다.

여기서 이 기억법을 응용해 최대 30종류를 기억할 수 있는, 내가 자택 기억법이라 부르고 있는 기억법을 소개해 보도록 하겠다. 오른쪽 표에서처럼 자택에 있는 30가지 종류에 자신이 기억하고 싶은 사항을 연결해서 기억하는 방법이다. 이 방법을 사용하면 놀라울 정도로 확실하게 기억된다는 것을 알 수 있다.

편의점 기억법은 장소라는 공간을 이용해서 기억하기 쉽게 해준다.

■ 실마리가 되는 자택의 30개 장소

1	현관문	11	소파	21	천장
2	우편함	12	냉장고 안	22	달력
3	우산꽂이	13	부엌	23	베란다
4	현관의 신발장	14	도마 위	24	쓰레기통
5	현관 입구	15	전자레인지	25	컴퓨터
6	화장실	16	욕실	26	식기함
7	세면장	17	서재의 책상	27	관상 식물
8	책장	18	수납장	28	조명
9	TV 앞	19	침대	29	알람 시계
10	식탁	20	침실 책상	30	창

장소를 정확하게 기억하고 있는 집이면 더욱 정밀한 기억이 가능하게 된다.

8-7 근력 트레이닝을 기억법에 응용하라

　학습한 내용을 단기 기억에서 장기 기억으로 이동시키는 것은 반복학습이 효과적이다. 여기서 한 가지 실험을 해 보자. 아래 10개의 의미 없는 단어를 열거한다. 이 단어를 제한시간 안에 암기해 보라. 1개의 단어마다 5초가 제한시간이다.

아무토 개나오 다리거 마무로 비사카
오히라 사타마 비보아 소니오 가고내

　단어를 기억한 후 복습해서는 안 된다. 그리고 20분 후, 1시간 후, 6시간 후에 몇 개를 정확히 외웠는지 테스트해 보자.
　여기서 유명한 에빙하우스의 망각곡선에 관해서 설명해 두도록 하겠다. 독일의 심리학자 헬멘 에빙하우스(Hermann Ebbinghaus)는 의미 없는 문자열을 조합하여 피실험자에게 기억시킨 후 한번 기억한 문자열을 어느 정도의 시간에서 다시 정확히 기억할 수 있는지를 실험했다. 예를 들어 5개의 문자열을 외우는 것이 처음에는 5분이 걸렸다고 하자. 30분이 되면 몇 개 정도 잊어버리지만 여기서 5개의 문자열을 다시 기억하게 한다. 다시 기억하는 데 1분이 걸렸다고 한다면 최초의 5분의 1의 시간으로 기억했다고 볼 수 있다. 즉 4(분)/5(분)=0.8이 되어 80%의 시간을 절약한 것이 된다. 이것을 절약률이라 부르고 이 결과를 비교해 보았다. 결과는 다음 페이지의 표와 같다. 20분 후의 절약률은 58%이고, 1시간 후는 44%, 1일 후는 26%, 일주일 후는 23%, 한 달 후는 21%였다.

이 결과에서 주목해야 할 것은 기억 후에는 급격하게 잊어버리고 1시간이 경과한 후 다시 기억하기 위해서는 처음에 걸린 시간의 절반 이상의 시간을 필요로 한다는 것이다. 이 사실에서 우리가 공부에 활용해야 할 부분은 1시간 후에 복습하자는 것이다.

복습한 후에는 그 절약률도 당연히 상승한다. 1시간 후에 복습을 했다면 24시간 후에 더 확실히 알기 위한 복습을 해주자.

기억은 근력 트레이닝과 상당히 비슷하다. 근력을 붙이고 싶다면 매일 트레이닝하는 것이 아니라 하루씩 건너서 트레이닝을 하자. 왜냐하면 초회복이라는 현상이 일어나서 근력을 증강해주기 때문이다. 휴식 중에 일단 파괴된 근육이 복원되어서 트레이닝 전보다도 근육량이 증가한다.

복습과 복습 사이의 휴식시간은 기억을 정리해서 정착하기 위해 필요한 시간이다. 닥치는 대로 복습하는 것보다는 일정한 간격을 두고 복습하는 것이 효과적이다.

■ 에빙하우스의 망각곡선

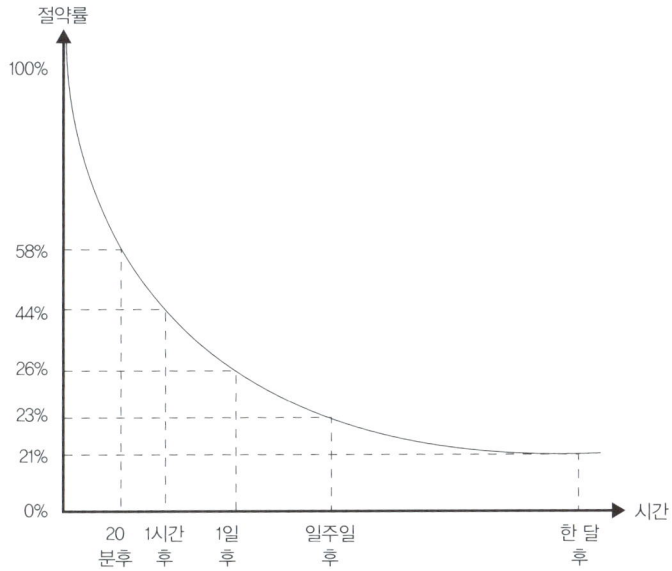

무언가를 외웠다면 1시간 후에 복습을 하고 24시간 후에 두 번째 복습을 하는 것이 잊어버리지 않기 위해서는 효과적이다. 어느 정도 간격을 두는 것이 포인트.

8-8 암기물은 수면 전 학습으로 기억하라

바쁜 사람들은 취침 전의 2시간이 공부의 골든 아워라고 말한다. 이와 관련된 심리학의 실험 데이터가 있다. 시카고대학의 티모시 브런 박사는 아침학습형과 야간학습형의 2개 그룹으로 나눠서 아래와 같은 실험을 했다.

우선 2개 그룹에 학습을 시키고 그 직후, 12시간 후, 24시간 후에 기억이 어느 정도 남아 있는지에 관해서 검증했다. 그 결과 다음 페이지의 표처럼 야간학습형의 그룹이 확실히 성적이 좋았다.

브런 박사는 그 이유를 "아침에 학습한 그룹은 학습한 내용이 안정되기 전에 점심 활동에 들어가기 때문에 기억이 정착하지 않는다"고 말한다. 한편 밤에 학습한 그룹은 학습한 후 수면에 들어가기 때문에 취침 전에 기억한 사항이 잘 정리되어 기억이 정착한다. 하지만 아침학습형이라도 수면을 취한 후에는 성적이 올라갔다. 여기에서도 수면이 기억에 좋은 영향을 주고 있다는 것을 잘 알 수 있다.

어학 공부를 한 후에 테스트를 실시해서 공부 전에 비해 어느 정도 점수가 올라갔는지를 비교 조사한 실험에 따르면 공부한 직후의 점수보다도 수면을 취한 후인 다음 날 아침 점수가 높았다는 데이터도 있다.

나 역시 수면 전 학습효과를 실감하고 있기 때문에 지금도 수면 전 시간을 활용해서 학습에 할애하고 있다. 나의 경우 이 시간대에 집중해서 독서나 신문, 잡지를 읽으며 정보 수집을 한다. 오랫동안 행하고 있는 습관을 통해서 낮에 학습하는 것보다는 확실히 머릿속에 기억으로 남는다는 것을 실감하고 있다.

하지만 아침의 뇌가 활성화되어 있으니 직관이나 번뜩임을 불러일으키는 것은 아침이 유리한 것임에 틀림없다. 크리에이티브한 발상 계열의 작업은 기상 후 2~3시간 안에 실시하는 것이 핵심이다.

'입력 작업은 취침 전에, 출력 작업은 이른 아침에'

뇌를 합리적으로 사용하려면 위의 철칙을 준수해 보자. 수면 전후의 각각 1시간은 바쁜 비즈니스맨이나 학생에게 있어서 귀중한 골든 아워다. 반드시 수면 전후의 각각 1시간을 공부시간에 할애하도록 하자.

■ 수면 전 학습에 관한 실험 결과

■ 성적

점수가 높을수록 우수. 기억은 수면에 의해서 정리된다. 무언가를 기억하려면 취침 전의 시간이 효과적이다. 아침학습형에서도 한번 잠을 잔 후에는 기억이 정리되어 고득점을 얻을 수 있다.
(출전 : timothy P. Brawn, komberly M. Fenn, Howard C. Nusbaum, and Daniel Margoliash, "Consolidation of sensorimotor learning during sleep", LEARNING MEMORY, 15, 2008, pp. 815-819)

COLUMN 07

교토대학 만담 연구회에서 만난 기억의 천재 Y군

나는 고교 시절부터 연기했던 만담을 갈고 닦기 위해 교토대학 2학년이 된 봄에 만담 연구소에 들어가려고 생각했다. 하지만 당시 교토대학에는 만담 연구소가 없었기 때문에 학생식당의 게시판에 포스터를 붙이고 회원을 모집했다. 그랬더니 몇 명의 학생이 모였다. 그들 중 한 명이 당시 1학년생이었던 Y군이었다. 그도 역시 고등학교 때부터 만담을 해오고 있어서 의기투합하여 것이 그 당시 '교대만회(교토대학 만담 연구회의 줄임말)'를 부활시켰다. 그 이후는 주 2회 연습이 시작되었다. 그는 교토대학의 경제학부에 수석으로 합격할 정도의 수재로 '한번 들은 만담만으로 그 만담을 연기한다'는 놀라울 정도의 스킬을 가지고 있었다. 나도 졸업 때까지 50개 정도 만담의 소재를 가지고 연기할 수 있었기에 기억력에서는 자신이 있었는데 그에게는 도저히 따라갈 수 없었다.

그는 우선 스토리의 내용을 이미지 트레이닝에 의해서 그림으로 기억하고 있었다. 스토리 중의 키워드를 픽업해서 그림으로 형상화하고 그곳에 점진적으로 언어를 집어 넣었다. 그는 이 방법으로 한번 듣고 그 만담을 기억하는 스킬을 몸에 익혔다. 대사를 통으로 암기하지 않고 스토리를 그림으로 기억해서 거기에 언어를 입혀 가는 것은 독서나 자료를 읽고 내용을 이해하는 것에도 응용할 수 있다. 우선 스토리를 그림으로 기억하면서 기억해야 할 키워드를 공부노트에 기입하고 내용을 파악하면 공부의 효율이 극적으로 올라가게 된다.

09 노트를 활용하는 기술

9-1 문자뿐 아니라 일러스트를 애용하라
9-2 '다빈치 그림 트레이닝'을 실행하라
9-3 수업노트를 잘 만들어라
9-4 공부노트에 생각을 채워 넣어라
9-5 마인드맵을 충분히 활용하라
9-6 수업, 공부노트는 색을 이용하라
9-7 노트 기술은 독서에도 활용하라
9-8 포스트잇, 연필, 지우개를 사용하라

문자뿐 아니라 일러스트를 애용하라

우뇌와 좌뇌의 기능의 차이에 관해서는 앞에서 이미 설명했다. 우뇌는 화상 처리가 우수하고 좌뇌는 언어 처리에 뛰어나다. 우리들은 통상 조금 다른 오해를 하고 있는데 사람의 뇌가 해부학적으로 볼 때 문자나 숫자를 처리하는 것에 특화되어 있다는 오해이다. 그러나 언어 처리는 기껏해야 수천 년의 역사밖에 안 되고 굳이 말하자면 뇌가 '아주 최근에야' 몸에 익힌 처리 능력이다.

한편 화상 처리는 우리들의 선조가 수백만 년 전부터 몸으로 익혀 온 익숙하고 잘하는 처리 방법이다. 그러니 언어로 이해하는 것보다도 화상으로 이해하는 것이 효율적인 면에서는 확실히 유리한 것임에는 틀림이 없다.

많은 참고서들이 문자로 채워져 있다. 그러나 문자와 일러스트를 비교하면 일러스트로 구성된 것이 머릿속에 더 쉽게 들어온다. 이것을 공부에 활용하지 않을 이유가 없는 것이다.

나는 학생 시절 교과서나 참고서의 여백에 일러스트를 그려 넣는 습관을 몸에 익혔다. 언어로 이해되지 않았던 추상적인 지식도 일러스트로 보면 간단하게 이해된다는 것을 알고 있었기 때문이다.

실제로 그것을 증명하는 심리학 실험도 있었다. 위트레흐트대학(네덜란드)의 심리학자인 J. 피크 박사의 실험이다. 그는 9~11세의 초등학생을 피실험자로 해서 「꿈의 나라의 곰」이라는 동화를 읽게 했다. A그룹에게는 언어만 있는 텍스트를 읽게 했고, B그룹에게는 일러스트가 포함된 책을 주고 읽게 했다. 그 후에 기억 테스트를 실시한 결과 독서를 한 직후에는 2

개의 그룹에서 그다지 차이가 나지 않았지만 1일 후, 일주일 후에 확인해 본 결과는 달랐다. B그룹이 확연하게 좋은 성적을 올린 것이다.

언어를 처리하는 좌뇌뿐만 아니라 화상을 처리하는 우뇌를 연동시키면 기억이 뇌에 정착하는 확률이 높아진다. 평상시에 교과서나 참고서, 노트의 여백에 일러스트나 도표 등을 병기하며 기입하는 습관을 익히도록 해 보자.

교사들이 수업할 때도 칠판에 가능한 한 일러스트나 도표를 같이 그려 넣으면 기억으로 정착하기 쉽다. 최근 텍스트만 있는 교과서나 참고서를 잘 볼 수 없는 것도 그런 이유다.

'다빈치 그림 트레이닝'을 실행하라

양쪽 뇌를 활성화시키는 다빈치 그림 트레이닝을 소개하겠다. 우선 12색 정도의 색연필과 용지를 준비하자. 색은 어떤 색이라도 상관없다. 그때그때의 감성을 중심으로 자유롭게 골라 보자. 그리고 주변에 있는 물건들 중에서 무엇인가 그리고 싶은 것을 찾아서 양손을 동시에 구사하면서 그려 보자. 물론 각각의 손에 쥔 색연필은 좋아하는 색으로 자유롭게 교환해도 상관없다. 한 개의 그림을 양손으로 그리다가 조금 익숙해지면 좌우 양손으로 각각 다른 그림을 그려 보자.

처음에는 상당히 그리기 힘들지만 여러분이 오른손잡이일 경우 양손으로 동시에 그림을 그릴 때 왼쪽 손이 우뇌를 활성화해서 그림을 묘사하는 힘을 높여 준다.

레오나르도 다빈치가 사실적으로 우수한 그림을 그리게 된 이유는 그의 눈에 있었다. 다빈치는 소년 시절, 움직이는 물체를 정확히 인식하는 동체 시력의 단련을 통해 이탈리아 토스카나 지방의 자연의 아름다움을 정확하게 뇌에 새겨 넣는 능력을 몸에 익혔다.

나는 당시의 다빈치는 야구선수 이치로와 같은 동체 시력을 보유하고 있지 않았을까라고 추측하고 있다. 예를 들어 그는 새의 날갯짓을 마치 빠른 속도의 카메라로 촬영한 것처럼 포착해서 공중을 나는 날갯짓의 움직임을 아주 정확하게 그려 냈다. 새의 날개의 움직임은 카메라로 슬로모션 촬영 기술을 확립하기 전까지 그 누구도 확인할 수 없었다. 그러나 다빈치의 눈이 확실했다는 것은 수 세기의 시간이 지나 판명되고 있다.

여러분의 양쪽 손은 처음에는 어색한 움직임을 보일지도 모른다. 그러나 이 트레이닝을 계속하는 사이에 보란 듯이 눈앞의 대상물을 사실적으로 그리게 될 것이다.

양손을 사용해서 그림을 그리는 것은 좌·우뇌 모두를 구사하는 것이 되므로 뇌의 활성화에는 안성맞춤인 트레이닝이다.

9-3 수업노트를 잘 만들어라

이제 수업노트를 잘 만드는 노하우에 관해 살펴보자. 수업노트를 잘 만들어서 이것을 활용하는 노하우를 마스터한다면 공부의 효율을 높여 줄 뿐만 아니라 중요한 항목을 확실히 이해하는 능력도 연마할 수 있기 때문이다.

물론 칠판에 내용을 적어 주는 선생님이나 강사의 경우는 아무 고민 없이 칠판에 써놓은 내용을 그대로 적으면 되지만 자세하게 설명을 잘 적어 주는 선생님이나 강사는 소수일 것이다.

강의 중에 나온 키워드를 수업노트에 기입하는 습관을 들이도록 하자. 그리고 이 키워드를 '중심'으로 해서 강의의 내용을 기입하고 강의 후에는 그날 안에 강의 내용을 생각하면서 수업노트에 포인트를 적어 가도록 하자.

물론 의문이 생기는 항목은 수업노트에 반드시 기입하고 그날 안에 조사해서 해결하도록 한다.

또 내가 했던 공부의 내용을 확실히 요약하는 습관을 들이도록 하자. 그렇게 한다면 복습할 때 시간이 훨씬 단축된다. 그뿐만 아니라 연구회나 수업에서 들은 내용의 핵심을 요약하는 기술(스킬)도 쌓아갈 수 있다.

여러분 중에는 강연이나 연수회, 또는 수업 내용을 녹음한 후 집으로 돌아가 반복해서 듣는 사람도 있을 텐데 이 방법은 그다지 추천하고 싶지 않다. 왜냐하면 녹음한 내용을 파악하는 것은 녹음한 시간만큼의 시간이 걸리기 때문이다. 이렇게 해서는 시간이 아무리 많다고 해도 부족함을 느끼게 된다.

나는 노트를 적을 때 일단 강의에 나온 키워드를 노트의 왼쪽에 써놓고, 우측에 그에 관한 요약 내용을 적는다. 때로는 그림이나 그래프를 그리기도 하고 기호를 표시하기도 한다. 낙서처럼 보여도 강조 효과가 있다.

번호를 매기면서 눈에 잘 띄도록 하는 것도 잊지 않고, 펜의 색깔도 다양하게 사용한다.

또한 나중에 복습할 때 생각이 날 수 있도록 그때그때 필요한 아이디어도 적당히 기입한다.

노트를 작성할 때는 잘 알아볼 수 있도록 나만의 노하우를 갖고 있는 것이 좋다. 나는 이러한 노트를 연수회나 강의 등 필요한 때에 적절하게 이용하고 있다.

9-4 공부노트에 생각을 채워 넣어라

　문자로서 형태가 남아 있지 않으면 지금 여러분이 생각하고 있는 것은 영원히 어둠 속에 묻혀 사라져 버리는 운명이 될 것이다. 수험공부나 자격시험에서 좋은 결과를 남기고 싶다면 그때마다의 생각을 공부노트에 어떤 형태로든 남겨 두도록 하자. 그렇게 하기 위해서 공부노트를 한 권 만들도록 한다. 공부노트는 수업이나 강의의 판서를 써넣기 전에 앞에서 설명한 수업노트와 구별해야 한다.

　그리고 공부노트는 몸에 늘 지니고 다니면서 변화가 생길 경우에 대비하여 그때마다 생각나는 것을 써놓도록 하자. 그 이유는 뇌가 여러분의 인생에 일어났던 어떤 하찮은 일들이라도 변화에 따라서 에피소드 기억으로 정말로 정확히 기억하고 있기 때문이다. 또한 변화가 생길 때마다 정리해 두면 읽기 쉽게 된다.

　공부노트에는 최소한 아래 5개의 요소를 넣자.

1. 하루하루의 공부 목표
2. 공부의 포상
3. 몸 상태와 관리에 대해서
4. 결점이나 실패한 사실
5. 그때마다 생각하고 있는 일

　항상 이 5개의 요소를 의식하며 생각한 대로 공부노트를 쓰자. 이 공부노트가 여러분의 문제점을 확실하게 파악시켜 줄 것이다. 공부노트에

자신의 인생에서 일어난 일을 기록하는 습관이 여러분의 공부 효율화를 지지해 준다. 자신을 다시 보는 계기도 된다.

는 읽은 책의 감상, 그때마다 공부에 관해서 생각나는 것들을 작게라도 기입해 두도록 한다. 공부노트는 가능한 한 제약이 적은 자유로운 것으로 골라 주자.

나는 지금까지 수많은 운동선수의 멘탈 카운슬러를 해오고 있는데 '일지를 첨부하지 않은 운동선수의 관리는 하지 않는다'를 원칙으로 하고 있다. 일지는 여기서 말하는 공부노트와 같은 맥락이다. 내가 카운슬러를 해온, 현재는 일본을 대표하는 한 여성 프로 골퍼는 골프 일지를 하루도 빠지지 않고 기입해 온 결과 보란 듯이 첫 우승을 거머쥐었다.

나는 공부노트와 스케줄러를 나눠서 사용해야 한다고 생각하고 있다. 스케줄러는 어디까지나 시간관리를 위해서 사용해야 한다. 가능한 한 세부적인 스케줄을 미리 세워 스케줄러에 '증거'로 남기고 실행력을 높인다.

스케줄러 이외에는 기본적으로 앞에서 설명한 공부노트가 한 권 있으면 충분하다. 목적에 따라서 몇 종류의 공부노트를 작성하기를 권하는 사람도 있지만 여러 권의 공부노트를 나눠 사용하는 것은 번잡해지기만 할 뿐이다. 회고하거나 무언가 찾아볼 때, 어느 공부노트의 어느 곳에 써 있었는지를 찾는 것이 번거롭고 이 때문에 중요한 공부시간을 낭비해 버리는 것도 생각해 볼 필요가 있다.

● 공부노트가 방해가 되는 장소에서는 메모 용지를 사용하자

운전 중이나 취침 중에도 뇌는 아이디어나 직관을 끊임없이 출력한다. 체육관에 갈 때나 침실에서도 메모지, 포스트잇, 필기도구를 항상 준비해 두자. 운전 중에는 뇌가 활성화되어 있어서 화학 변화를 일으키기 쉽다. 물론 꿈속에서도 공부의 힌트가 나오고 있다.

메모지나 포스트잇에 기입한 것은 공부노트에 직접 써넣거나 붙이거나 둘 중 한쪽을 선택하자. 이 작업에서 새로운 공부의 힌트가 나올 수 있고 자신이 중요시하고 있는 것을 확인할 수 있게 된다.

공부의 힌트를 출력하는 작업은 무시할 수 없다. 왜냐하면 되는 대로 마구 공부했다고 해도 핵심을 벗어난 공부는 마이너스에 불과하고 플러스가 되지는 않기 때문이다.

- 항상 작업의 우선순위를 확인하면서 공부하고 있나?
- 과거 문제를 중요시해 가면서 공부를 진행하고 있나?
- 공부를 방해하는 작업을 하고 있지는 않나?
- 하지 않아도 되는 불필요한 작업을 하고 있나?

　위와 같은 일을 확인해 가면서 자신만의 공부노트를 사용해 최상의 공부 환경을 만들기 위한 노력을 하자.

공부노트를 가지고 갈 수 없는 장소에서는 메모지에 기입한 후 공부노트에 붙이거나 다시 써넣어서 한 곳에 요약한다. 요즘은 메모지가 종이일 필요도 없다. 스마트폰이나 테블릿의 메모 어플리케이션을 이용해도 상관없다.

9-5 마인드맵을 충분히 활용하라

공부노트를 작성할 때 마인드맵은 반드시 이해해서 몸에 익혔으면 하는 기법이다. 마인드맵은 영국의 저술가 토니 부잔(Tony Buzan)이 개발한 기법이다. 그의 번역서는 많이 발행되어 있으므로 꼭 한 권 정도 읽어 볼 것을 추천한다.

마인드맵에는 다양한 이용방법이 있는데 여기에서 소개하고 싶은 것은 무언가를 기억할 때 도움이 되는 마인드맵과 아이디어를 낼 때 도움이 되는 마인드맵이다.

무언가를 기억할 때 마인드맵을 사용하는 경우는 기억하고 싶은 항목을 한 장의 종이에 모두 적어 넣는 것이 중요하다. 그것도 단지 쓱쓱 써넣는 것이 아니라 몇 개의 커다란 그룹을 만들고 그 그룹 안에서 또 몇 개의 그룹을 만들고 점점 세분화해 가면 된다.

예를 들어 항공공학의 전체적인 감을 잡는다고 한다면 커다란 그룹으로서 항공역학, 항공기 구조, 재료, 항공기 시스템, 항공 엔진. 항공 계기, 그 외(항공 정비 등 여러 줄기로 나눌 수 있다) 등으로 분류된다. 더욱이 항공 역학은 작은 그룹으로서 유체역학, 양력, 항력, 비행 이론, 추진 장치의 특성, 안정성, 조정 성능, 비행 성능 등으로 분류한다. 이렇게 해서

유체역학
양력 · 항력
추진 장치의 특성
익형이론
안정성 · 조종성
비행 성능
그 외

주날개 · 동체 · 꼬리 날개
조종면(조종 날개)
구성부재
구조 종류
그 외

그 외(항공 정비 등 여러 줄기로

아래와 같이 한 장의 종이에 정리하면 어디에 무엇이 있는지를 종이 위의 장소와 세트로 의식할 수 있으므로 정말 기억하기 쉽다.

뒤에(183페이지) 나오는 마인드맵은 내가 만든 것인데 '공부의 힌트'라는 테마로 아이디어를 낸 것이다.

우선 아래 그림처럼 종이의 중앙에 테마가 되는 글을 써 보자. 그리고 정중앙에 쓴 테마에서 밖으로 향하게 가지를 늘려서 관련성 있는 글들을 기입해 간다. 이 작업에 의해 발상이 연쇄적으로 넓어진다.

■ 암기할 때 사용하는 마인드맵의 예

손으로 써도 괜찮지만 여기서는 'Mindmeister'(https://mindmeister.com)라는 웹사이트를 이용했다. 기본 기능은 무료로 사용할 수 있다.
(참고 : 나카무라 하치 지음, 『컬러 그림으로 알 수 있는 항공역학[초] 입문』, SB크리에이트, 2015년)

● **문자가 아닌 그림을 그리면 더욱 좋다**

물론 그림을 그리는 것이 가능하다면 글 옆에 그림을 그려 주자. 바로 옆에 그리면 완벽하다. 그림을 잘 그리고 못 그리는 것은 전혀 상관이 없다. 어린 시절로 돌아가서 여러분의 생각을 아무 생각 없이 그림으로 표현하자. 뇌에 있어서는 이 방법으로 기술하는 것이 정보를 입력할 때 정말 자연스러운 일이다.

여러분은 어릴 때 그림을 많이 그렸을 것이다. 그러나 문자를 습득하면서부터 그림을 그릴 기회는 점점 적어지고 표현도 대부분 문자로 바뀌었다.

예를 들면 이런 경험들이 있을 것이다. 처음 여러분의 사무실을 방문하는 사람이 도중에 헤매다 전화를 걸어 올 때가 있다. 지도를 보여주면 한눈에 알 수 있는 것을 그렇게 하지 못하고 수화기 너머 말(언어)로 위치를 전달하는 것은 정말로 안타까운 일이다.

그림으로 마인드맵을 그리면 보는 순간에도 알기 쉽고 장소와 세트로 뇌에 흡수되므로 내용도 쉽게 잊어버리지 않게 된다. 공부노트를 만들 때에는 항상 '이것을 마인드맵으로 표현할 수 없을까'라고 생각하는 습관을 권장한다.

마인드맵은 수업노트를 만들 때나 회의에서 메모를 할 때에도 사용한다. 어떤 분야에 관해서 '빼먹지 않고, 중복이 없이(MECE : Mutually Exclusive and Collectively Exhaustive)' 조사하고 싶을 때에도 사용한다. 이와 같이 마인드맵은 논리적 사고를 도와주는 툴로써 도움을 준다.

■ 아이디어를 낼 때 사용하는 마인드맵 예시

마인드맵은 문자로 써도 좋지만 그림으로 그리면 보다 발상이 연쇄되어 넓어지기 쉽다.

9-6 수업, 공부노트는 색을 이용하라

　수업노트나 공부노트를 사용할 때는 색을 잘 사용하는 것이 포인트다. 빨강은 주로 위험을, 노랑은 주로 주의를, 녹색은 주로 안전을 표시하는데 이것은 빨강이나 노랑이 경고의 색으로써 사람의 의식에 인식되기 쉽기 때문이다. 이것을 이용하면 놀랄 정도로 효율 좋은 공부가 된다.

　노트를 쓸 때는 컬러 펜을 항상 준비하자. 노란색은 눈에 띄지 않아서 나는 주로 빨간색, 핑크색, 녹색을 사용한다. 이 세 가지 색을 체계적으로 묶어서 공부노트에 써넣도록 하자. 빨강은 가장 중요한 정보에, 핑크는 기억해야 할 정보, 녹색은 가능하면 외워 두면 좋은 정보이다.

　이 삼색의 컬러 펜으로 중요도에 따라서 색을 구분해 두면 사용할 때 자연적으로 색에 따라 범주로 분류되기 때문에 복습할 때도 좋다. 또 삼색의 컬러 펜을 사용하면 쓴 내용이 머릿속에 자연스럽게 들어온다. 수업노트도 기억의 우선순위에 따라서 같은 방법으로 색을 구분하면 좋다.

　지속적으로 사용하는 공부노트는 기본적으로 1권으로 제한하는 것이 좋지만 공부노트를 색으로 분류하는 방법도 있다. 중요도에 따라 빨강, 핑크, 녹색이라는 3권의 공부노트를 준비해서 컬러 펜으로 써넣는 방법이다. 예를 들어 빨간색의 공부노트는 매일 3회 반복 읽기, 핑크색의 노트는 매일 1회, 녹색의 노트는 일주일에 2~3회 읽어 본다. 이 방법은 강약이나 밀고 당기기(늦춤과 당기기)가 필요한 공부에 편리하다.

　이와 같이 중요도를 미리 색으로 인식한 후에 분류 정리하는 작업은 복습할 때 상당한 효과를 발휘한다.

9-7 노트 기술은 독서에도 활용하라

책을 읽을 때는 최초에 연필로 표시(마킹)해 가면서 읽어 나가자. 마킹은 시각적으로 이해를 증강시켜 주는 데 효과적이다.

책을 처음 읽었을 때는 어느 곳이든 중요하게 느껴지기 때문에 처음에 지울 수 없는 펜으로 마킹하면 책의 대부분이 표시한 자국으로 가득할 것이다. 그렇게 되면 본래의 눈에 띄는 효과가 없어지므로 복습할 때 중요한 부분을 엄선해서 형광펜으로 표시하는 것이 방법이다.

형광펜은 빨강, 핑크, 녹색의 세 가지 색을 가지고 다니자. 빨강은 가장 중요한 정보에, 핑크는 꼭 외워두어야 할 정보에, 녹색은 그 정도로 중요하시는 않지만 외워 두면 좋을 것 같은 정보에 사용한다.

마킹이 되어 있지 않는 부분은 복습할 때 건너뛰어도 무방하다. 형광펜으로 마킹하는 것은 반복해서 강조해 온 복습 효과를 강화하기 위해 중요한 역할을 한다.

사실은 마킹을 하는 행위를 통해 정리도 같이 이루어진다. 정리하면서 이해력이 한 단계 높아진다. 입학하기 어렵다는 학교에 합격한 사람의 대부분이 마킹을 하고 있었다는 사실을 수많은 유명 입시학원에서도 확인할 수 있다.

교과서나 참고서를 통으로 암기하는 넓고 얕게 하는 공부는 몸에 습관화가 되지 않고 공부시간이 아무리 많다고 해도 부족함을 느낀다. 마킹의 달인이 되는 것만으로도 중점 항목을 확실히 기억해서 효율적으로 학습을 진행할 수 있다.

9-8 포스트잇, 연필, 지우개를 **사용하라**

내가 애용하고 있는 필통에는 형광펜과 컬러 펜뿐만 아니라 포스트잇, 몇 자루의 4B연필, 지우개가 들어 있다. 모두 문방구나 편의점에서 다양한 종류의 것으로 고를 수 있다. 여기서는 포스트잇을 활용하는 테크닉과 4B연필로 쓴 것을 지우개로 지우는 테크닉을 설명하겠다.

● 포스트잇

우선 포스트잇을 잘 사용하는 방법이다. 나에게 있어서 포스트잇의 목적은 주로 스케줄 관리, 중요한 곳 표시, 중요한 항목이나 아이디어의 기입, 이렇게 3가지이다. 가능하면 포스트잇은 대 · 중 · 소 3가지 종류의 크기를 준비하자.

첫 번째는 스케줄 관리이다. 스케줄러에 직접 써넣는 것은 결정된 스케줄이다. 결정이 안 된 보류 중인 스케줄이나 미팅할 때 유의 사항은 직접 써넣는 것보다도 포스트잇에 쓰고 스케줄러에 붙여 놓는 것이 편리하다. 이것은 변경이 생길 경우에 스케줄러에서 간단하게 이동이 되고 같은 일을 여러 번 써넣지 않아도 되기 때문이다. 또한 스케줄러는 가지고 다니기 편리한 작은 사이즈이기 때문에 써넣을 수 있는 공간이 제한적이다. 포스트잇을 잘 활용하면 스케줄러의 공간을 온전히 확보할 수 있다. 여기서 사용되는 것은 중간 사이즈 포스트잇이다.

포스트잇의 두 번째 사용 방법은 중요한 곳에 마킹하는 것이다. 책에서 인상 깊게 읽은 곳이나 교과서에서 복습이 필요한 페이지에 붙이도록 하자. 목적을 달성하면 떼어 낸다. 내 경우는 신문이나 잡지, 서적을 우

포스트잇은 사이즈가 다양하게 있다는 점, 다시 붙일 수 있다는 점, 써넣을 수 있다는 점이 장점이다. 확실하게 잘 활용하도록 하자.

선 대충 읽어 가면서 중요하다고 생각되는 곳에 척척 포스트잇을 붙인다. 그리고 나중에 시간을 내어 포스트잇 붙인 곳을 읽는다. 여기에서 사용되는 것은 작은 사이즈의 포스트잇이다. 어떡하든 간에 표시만 하면 된다.

　세 번째는 중요한 항목이나 아이디어의 기입이다. 독서하면서 생각난 아이디어나 책의 내용에서 이해되지 않거나 납득되지 않은 곳 등에 그 이유를 적어서 붙여 둔다. 여기서는 여러 가지 내용을 적을 수 있도록 큰 사이즈의 포스트잇을 사용한다.

● **4B연필과 지우개**

　포스트잇에 기입하는 필기구로 4B연필을 추천한다. 4B연필은 부드러우므로 힘을 약간만 줘도 잘 써지고 쓴 문자를 지우개로 지우기도 쉽기 때문이다.

　이와 같이 연필과 지우개를 사용해서 써넣기와 지우는 작업을 반복하면 반복한 효과가 나타나 기억하고 싶은 항목이 점점 뇌 속에 들어오게 된다. 이것도 포스트잇의 장점이다.

초등학교 저학년 때에 4B연필을 사용했던 사람이 많을 것이다. 어린이도 쓰기 쉬운 부드러운 연필은 어른에게도 도움이 된다.

연필과 지우개를 사용해서 써넣고 지우는 작업을 반복하면 반복한 효과가 나타나서 외우고 싶은 항목이 점점 뇌 속에 들어오게 된다. 이것도 포스트잇과 연필의 장점이다.

찾아보기

ㄱ

가소성	16, 17
가속학습	96
공간인식능력	90, 91
공감회로	20
공부노트	104, 119, 168, 176, 178~180, 182, 184
귀납법	70, 71
기대 욕구	140

ㄴ

노르아드레날린	14
뇌간	110, 111
뇌량	84~86

ㄷ

다빈치 그림 트레이닝	172
다중지능	24
단기 기억	22, 56, 158, 164
대뇌기저핵	22, 23
대뇌피질	22, 23
도파민	14, 15
동체 시력	172

ㅁ

마감 효과	39, 130
마인드맵	180~183

ㅁ

매트릭스 분석	72, 73
메타 인지적 기능	74, 75
메타 인지적 지능	74
미러뉴런	18~21

ㅂ

반복학습	164
베타파	26, 27
부현피질	50
분산학습	56, 57
비선언 기억	154
비전 트레이닝	92, 93

ㅅ

삼각로직	66~70
선언 기억	154
성장 욕구	142
세타파	26, 27, 107
셀프 이론(Self-theory)	139
스트룹 테스트	116, 117
스트룹 효과	116
시냅스	16
시상하부	110, 111

ㅇ

아드레날린	14, 50
알파파	26, 27

야콥슨 트레이닝	80
에빙하우스 망각곡선	164, 165
에피소드 기억	154, 155, 161, 176
연역법	70, 71
워킹 메모리	150, 151
의미 기억	154

ㅈ

자기 암시	28, 132
잔상 집중 트레이닝	128
장기 기억	22, 23, 56, 150~152, 154, 156~158, 160, 161, 164
장소 뉴런	107
전뇌 사고	86
전두부 결합 피질	111
전두엽	14
절차 기억	154
종말효과	114, 115
지론계 모티베이터	138, 139
집중학습	56, 57

ㅊ

| 초두효과 | 114, 115 |
| 측좌핵 | 111 |

ㅋ

| 크로스 SWOT 분석 | 63 |

ㅌ

| 테스토스테론 | 90, 91 |

ㅍ

파레토 법칙	100
편도핵	22, 23, 111
프라이밍 기억	154
피킹	40

ㅎ

| 해마 | 22, 23, 107, 150, 156, 158 |

기타

635법	76, 78
F5 영역	18
MECE	182
PDCA 사이클	60, 61
SMART 논리	34, 35
SWOT 분석	62, 63